AI를
ntelligence
rtificial
이기는
철 학

인공지능
시대에

필요한

공부법과
사고법

오가와 히토시 지음
장인주 옮김

처음북스

Original Japanese title: "AI" NI KATERU NOWA TESTUGAKU DAKE DA

©Hitoshi Ogawa, 2018

Original Japanese edition published by Shodensha Publishing Co., Ltd.

Korean translation rights arranged with Shodensha Publishing Co., Ltd.

through The English Agency (Japan) Ltd. and Danny Hong Agency

머리말

신문에 인공지능(AI)이라는 단어가 보이지 않는 날이 없고, 서점에 가도 인공지능을 주제로 한 책이 수두룩하다. 왜 이렇게까지 인공지능이 주목되고 있는 걸까?

여러 이유 중 하나는 인공지능에 대한 불안감 때문이다. 즉, 인간이 인공지능에 뒤처지지 않을까 하는 불안감 때문이다. 대표적인 예로 일자리를 뺏기지 않을까 하는 우려가 있다. 미리 밝히자면, 그런 불안감을 떨쳐버리게 하는 것이 이 책의 목적이다. 나는 철학만 제대로 배우고 나면 인공지능은 두려워할 존재가 아니라고 믿는다. 가장 오래된 학문인 철학이 최첨단 기술인 인공지능을 이길 수 있다고 말이다. 한마디로 말해 인공지능을 이길 수 있는 것은 철학뿐이다.

인공지능이 주목되고 있는 또 다른 이유는 무엇보다도 인공지능에 대한 기대감 때문이다. 인공지능이야말로 경제를 활성화시키는 비장의 카드로써 크게 기대되고 있다.

하지만 그 배경에는 사람들이 쉽게 '답'을 구하려는 풍조가 깔려있다. 사람들의 이러한 경향은 인터넷이 등장하면서, 검색하면 뭐든 답이 나오는 시대가 되었을 즈음부터 나타나기 시작했다. 그리고 스마트폰이 보급됨으로써 아이들을 포함한 거의 모든 사람들에게 널리 퍼졌다. 그런 의미에서 인공지능이 인간보다 똑똑하고, '절대적인 지능'을 가진 존재가 될 가능성이 사람들의 입 밖으로 새어 나오기 시작한 것이다.

모르는 것은 인공지능에 물어보면 된다. 인공지능은 뭐든지 알고 있다. 인공지능은 언제나 옳다… 이것이 상식이 되는 날을 난는 'X데이'라고 부른다. 그런 날이 오면 곤란하니까.

인공지능은 언제나 옳다고 말하는 것은 인간이 인공지능에 복종하기만 하는 하인으로 영락함을 의미한다. 농담으로 들릴지 모르지만, 이미 '구글 선생님'이라는 단어가 있듯이 모르는 것은 구글로 조사하는 것이 당연시해지고 있다. 그러다 언젠가는 교실에서 한 학생이 인공지능이 말했으니까 확실하다며 선생님에게 대드는 날이 올지도 모른다.

그렇다면 어떻게 X데이를 막아야 할까?

답은 간단하다. 인공지능에만 의지하지 않고 스스로 생각하는 습관을 기르면 된다. 이는 인공지능을 사용하지 말라는 뜻이 아니다. 단지 인간의 숭고함을 잊지 말자고 말하고 싶을 뿐이다.

'인간은 생각하는 갈대이다'라고 말한 사람은 프랑스의 사상가 파스칼Pascal(1623~1662년)이다. 식물의 갈대처럼 연약한 인간이 이 세상에서 살아남을 수 있었던 이유는 바로 생각을 할 수 있기 때문이다. 그런데 만약 생각을 하지 않으면 어떻게 될까? 인간이라는 숭고함을 스스로 포기하는 꼴이 된다.

그렇다면 여기서 문제는 '어떻게 생각할 것인가'이다. 물론 인공지능처럼 대량의 정보를 순식간에 인풋input하거나 빠르게 계산하지는 못한다. 그렇다면 다른 사고를 할 수밖에 없다. 여기서 인공지능의 '스피드 사고'에 인간의 '슬로우 사고'가 대치된다. 슬로우는 느리다는 의미가 아니라 '곰곰이'라는 뜻이다.

그렇다. 인간은 곰곰이 생각하면 된다. 그 결과 인공지능과 같은 답이 나와도 괜찮다. 과정은 전혀 다르니까. 말을 바꾸자면, 인간은 어떻게 생각했는지 스스로 잘 알고 있다는 것이다. 인공지능이 알려준 답은 어떻게 나왔는지 우리는 모른다. 사실, 인공지능도 알지 못한다. 답에 이르는 과정을 모르는, 이른바 '인공지능 블랙박스 문제'인 것이다.

만약 무인도에서 전자기기를 사용하지 못하는 상태가 되면 인공지능에 의존해서 살아온 사람들은 눈앞이 캄캄해질 것이다. 반면에 스스로 생각하는 습관이 몸에 밴 사람은 어떻게든 머리를 짜내서 살아남으려고 할 것이다. 이는 극단적인 예로 들릴지 모르지만, 재해나 사이버테러 등 일시적이긴 하더라도 인공지능을 사용하지 못하는 사태가 일어날 가능성은 얼마든지 있을 수 있다. 일상에서도 인공지능에 모든 것을 의지할 수는 없다.

인간에게 있어서 생각하는 힘이 얼마나 중요한지 충분히 이해했으리라 생각한다. 다행히 인간에게는 가장 오래된 학문인, 고대 그리스의 소크라테스 Socrates(BC 469~BC 399년)가 시작했다고 하는 '철학'이 있다. 아니, 가장 오래되고 지금도 여전히 유효한 학문이라고 해야 할 것이다.

그가 주장한 무지無知의 '지知'는 인공지능의 '절대적인 지'와는 상극이다. 왜냐하면 그것은 자신이 모른다는 사실을 인정하고 더 알기 위해 노력해야 한다는 뜻이기 때문이다.

이 말은 인공지능 시대를 살아가는 우리에게 소크라테스가 남긴 유언이라고도 볼 수 있다. 인공지능이 진화하면 할수록 우리는 우리만의 방법으로 현명해지면 된다.

이 책은 인공지능은 물론, 디지털 기기조차 멀리하는 직장인(나도 그중 하나이다)이 공부와 사고를 어떻게 해야 할지 방법을 제시하는 책이다. 이는 곧 철학을 하는 방법을 의미하기도 한다. 자, 그럼 다 같이 반격을 시작해보자!

2018년 12월
오가와 히토시

목 차

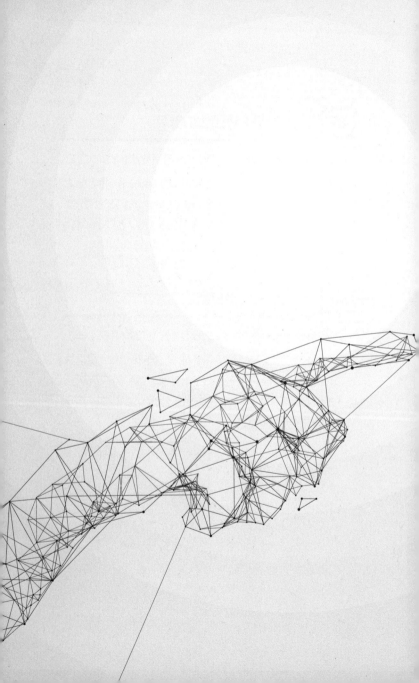

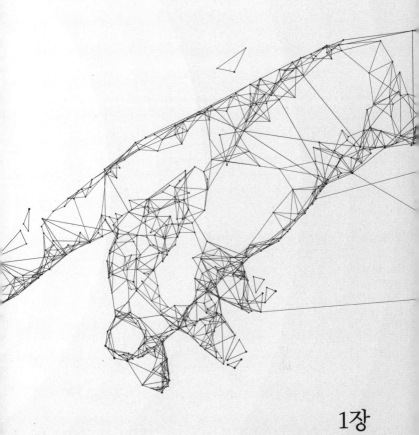

1장

생각하는 사람과
복종하는 사람

2025년의 사회

당신은 '2025년 문제'를 알고 있는가?

2025년에는 국민 다섯 명 중 한 명이 75세 이상의 고령자가 되는 초고령 사회로 접어든다. 의료비 증대와 같이 다양한 문제가 제기되고 있는 가운데, 지금보다 경제활동 인구가 줄어들어 적은 인원으로 많은 고령자를 부양해야 하는 매우 힘든 시대가 될 것이다. 그것도 가까운 시일 내에 말이다.

하지만 희망도 있다. 2025년에는 인공지능이 표준 장비가 될지도 모른다. 폭스바겐은 2025년까지 완전자율주행차를 판매하겠다고 발표했으며, 현 단계에서도 수많은 서비스가 인공지능에 의해 대체되고 있다.

일본경제신문 2018년 9월 9일자 기사에는 '지자체 업무, 직원 반감으로도 유지'라고 보도한 바 있다. 행정안전부는 인공지능을 도입함으로써 장래적으로 현재의 절반의 직원으로도 지역의 행정 기능을 유지할 수 있도록 계획하고 있는 것이다.

당신은 이런 미래를 어떻게 생각하는가? 이제 안심

이라고 생각하는가, 아니면 반대로 끔찍한 시대가 올 거라 생각하는가?

인공지능이 표준 장비가 되고 인간을 대신해 수많은 일을 해주는 것은 인구 감소 사회에 있어서는 희소식이다. 하지만 일손이 부족한 만큼만, 즉 인간에게 유리하게 일을 맡게 될까? 만약 인간이 하고 싶어 하는 일까지 인공지능의 업무로 대체되면 그것은 일을 뺏기는 것이나 마찬가지이다. 이 경우 희소식이 반대로 나쁜 소식으로 바뀌어버린다.

인공지능을 둘러싼 다양한 억측이 난무하고 있다. 다음 장에서 자세하게 다루겠지만, 그것들은 크게 인공지능에 대한 비관론과 낙관론으로 나뉜다. 비관적으로 볼 것인가, 아니면 낙관적으로 볼 것인가이다. 왜 '볼 것인가'라고 표현했는가 하면 실제 상황은 모르기 때문이다. 전문가조차 단언하지 않고 있다.

다만 인공지능이 착실히 도입되고 있음은 사실이다. 그리고 인공지능이 표준 장비가 되는 사태도 시간의 문제일 것이다. 그것은 1990년대에 컴퓨터가 도입되었을 때처럼 시간의 흐름으로서 피할 수 없는 일이다.

그렇다면 우리는 그런 사태에 대비해야 한다.

그럼 도대체 무엇을 대비해야 할까?

그것은 사고할 수 있는 사람이 되는 것이다. 인공지능이 컴퓨터 이상으로 사무 처리를 해내는 고성능 기계인 이상, 제대로 생각할 수 있는 사람이 될지, 아니면 인공지능의 시뮬레이션대로 그저 따르기만 하는 인간이 될지, 둘 중 하나이다.

그렇다고 좀처럼 공부해서는 사고법을 배우려는 마음이 생기지 않을지도 모른다. 그래서 우선 인공지능 시대란 어떤 것인지, 그리고 이 시대에 사고하는 것이 얼마나 큰 의의를 가지는지 차근차근 알아보도록 하자.

인공지능 비관론과 낙관론

앞서 말했듯이 인공지능을 바라보는 비관론과 낙관론이 있으며, 양자는 날카롭게 대립하고 있다. 대표적인 비관론은 물리학자 故 스티븐 호킹Stephen

Hawking 박사나 전기차 업체 테슬라의 CEO 엘론 머스크Elon Musk와 같이 인공지능을 인류를 멸망시키는 적으로 바라보는 입장이다. 그 정도까지는 아니더라도 인공지능에 일자리를 뺏길까 봐 우려하는 사람들도 여기에 포함된다.

대표적인 낙관론은 미래학자 레이 커즈와일Ray Kurzweil과 같이, 인공지능이 인간의 지능을 추월하는 기술적 특이점(Technological Singularity)이 도래해도 인공지능을 인간과 융합하거나 단순한 도구로서 다룰 수 있다고 생각하는 입장이다.

이 양론은 인공지능을 논하는 데 있어서 대전제가 되는 것이므로 몇 가지 소개해보겠다. 또한 여기서의 비관론과 낙관론이라는 분류는 어디까지나 내 주관에 따른 것이며, 그들이 비관론, 낙관론이라고 명언하고 있는 것은 아니다. 그럼 먼저 비관론의 입장부터 살펴보자.

"현재처럼 인공지능 기술이 발달해 인간과의 공동 작업이 요구되기 시작하면, 인공지능은 단순한 '도

구'가 아니라 오히려 '똑똑한 주체'로 간주할 필요가 있다." (오카모토 유이치로岡本 裕一朗 저, 『인공지능에게 철학을 가르치면(人工知能に哲学を教えたら)』 중에서)

"특이점은 도래하지 않을지도 모른다. 하지만 인공지능의 기술 자체는 앞으로 확실히 발전할 것이다. 인터넷 속에 축적된 각종 빅데이터를 처리하는 전용 인공지능들이 연계해서 마치 범용 인공지능과 같이 '인간=기계'의 복합계로서 기능하는 날은 머지않았다. 그런 상황 속에서 '자유 의지'나 '책임'과 같은 인간 사회의 여러 개념을 바로잡고 인공지능의 앞날을 지켜봐야 한다." (니시가키 도오루西垣 通 저, 『AI 원론 – 신의 지배와 인간의 자유(AI原論—神の支配と人間の自由)』 중에서)

"특이점은 오지 않을 것이고, 인공지능이 인간의 일자리를 모두 뺏는 미래는 오지 않겠지만, 인간이 하는 대부분의 일이 인공지능의 업무로 대체되는 사회는 바짝 다가오고 있다. 즉, 인공지능은 신이나 종

복자가 되지는 않지만, 인간의 강력한 경쟁자가 될 실력은 충분히 가꾸고 있다." (아라이 노리코新井紀子 저, 『대학에 가는 AI vs 교과서를 못 읽는 아이들(AI vs 教科書が読めない子どもたち)』 중에서)

"일자리를 잃어 수입이 끊긴 노동자는 돈을 내고 상품을 살 수 없다. 순수 기계화 경제에 이르러 모든 노동자는 노동에서 해방되고 더 이상 착취당하는 일도 없겠지만, 그와 동시에 굶어 죽을 수밖에 없다. 아무런 사회 보장제도가 없다면 그렇게 될 수밖에 없다." (이노우에 도모히로井上智洋 저, 『2030 고용절벽 시대가 온다(人工知能と経済の未来—2030年雇用大崩壊)』 중에서)

다음으로 낙관론을 소개한다.

"하지만 2040년대 중반에는 1,000달러로 살 수 있는 컴퓨터는 1026cps에 도달하고, 일 년간 창출되는 지능(총 약 1012달러의 비용으로)은 오늘날의 인

간의 모든 지능보다 약 10억 배나 강력해진다. 여기
까지 오면 확실히 획기적인 변화가 일어난다. 이러한
이유에서 특이점(인간의 능력이 근저부터 뒤집어져
변용하는 날)은 2045년에 도래할 거라고 나는 생각
한다." (레이 커즈와일 저, 『특이점이 온다(singularity is
near)』 중에서)

"이러한 실례를 통해서 앞으로 다가오는 인
공지능의 미래가 보이기 시작하는데, 그것은
HAL9000(〈2001 스페이스 오디세이〉에 등장하는
인공지능)과 같은 개별 컴퓨터에 깃든 카리스마와 같
은 인간적 의식(살인범이 될 가능성이 있는)도 아닐
뿐더러, 특이점 신봉자가 꿈꾸는 초지성(슈퍼 인텔
리전스)도 아니다. 지금 모습을 드러내기 시작하고 있
는 인공지능은 어느 쪽인가 하면 아마존의 웹서비스
와 같은 것으로, 저렴하고 신뢰성이 높고 온갖 서비스
의 뒤에 숨어 있는 실용적이고 스마트한 디지털 기능
이며, 작동하는 동안에는 거의 눈치채지도 못한다."
(케빈 켈리Kevin Kelly 저, 『인에비터블 미래의 정체(The

Inevitable)』 중에서)

"내 생각에 인공지능이 인류를 정복하거나 인공지능을 만들어낼 가능성은 현시점에선 불가능하다. 꿈 같은 이야기이다. 지금 딥러닝으로 일어나고 있는 일은 '세계의 특징량을 찾아 특징 표현을 학습하는 것'이며, 이것 자체는 예측 능력을 높이는 데 아주 중요하다. 그러나 이 일과, 인공지능이 스스로 의사를 가지거나 인공지능을 다시 설계하는 일은 하늘과 땅만큼 거리가 먼 얘기다." (마쓰오 유타카松尾豊 저, 『인공지능과 딥러닝(人工知能は人間を超えるか―ディープラーニングの先にあるもの)』 중에서)

"하지만 과학 기술의 현상을 보는 한, 이러한 인공지능과 로봇을 만들 수 있는 전망은 서지 않고 있다. 이 의미에서의 기술적 특이점은 21세기 중에는 오지 않는다고 봐야 할 것이다." (노무라 나오유키野村直之 저, 『실천 페이즈에 돌입, 최강 인공지능 활용법(実践フェーズに突入 最強のＡＩ活用術)』 중에서)

"2017년에 우리는 적어도 비관적인 디스토피아보다 테크놀로지의 유동성이 가져오는 프로토피아로 향해 나아가야 하지 않을까." (오치아이 유이치落合 陽一 저, 『초인공지능시대의 생존 전략(超ＡＩ時代の生存戦略)』 중에서)

어느 쪽을 선택해야 할까?

마쓰오 유타카(도쿄대 대학원 특임 준교수)나 노무라 나오유키(호세이대 대학원 초빙교수, 메타데이터 사장)와 같은 인공지능 연구자 외에도, 수학자(아라이 노리코(국립정보학연구소 교수)), 정보학자(니시가키 도오루(도쿄경제대 교수)), 경제학자(이노우에 도모히로(고마자와대 준교수)), 철학자(오카모토 유이치로(다마가와대 교수)) 등 다양한 분야의 지성인이 인공지능에 대해 언급하고 있다. 이로써 인공지능에 대한 관심이 얼마나 높은지를 알 수 있다.

비관론은 대체로 '인공지능이 고도로 발달해서 인

간의 능력을 넘어서고 일자리를 뺏을만한 존재가 된다', '인간을 지배하기조차 한다'는 논조라고 생각하면 된다. 자못 SF 같지만 불가능한 일은 아니다.

대개 비관론자는 인간이 인공지능을 통제하지 못하게 되는 상황을 우려하고 있는 것이다. 이는 어떤 테크놀로지에도 적용된다. 테크놀로지는 어디까지나 인간의 종이며, 그것을 제어하지 못하는 순간부터 적이 된다. 게다가 인간보다 뛰어난 능력을 가지고 있다면 더욱 위협으로 느껴지게 된다.

인공지능에 일자리를 뺏기지 않을까 두려워하는 사람들은 대부분 이러한 비관론을 안고 있다. 마치 이민자에게 일자리를 뺏긴 사람들처럼, 인공지능을 원망하는 것이다.

그렇다면 낙관론은 어떨까?

낙관론은 반대로 인공지능은 인간에게 도움이 되는 편리한 테크놀로지이므로 괜찮다는 입장이다. 즉, 계속 통제할 수 있을 거라 믿는다. 그러므로 아무리 진화해도 걱정 없으며, 지금의 컴퓨터의 연장선상에 인공지능이 있을 뿐이라고 주장한다.

계산기는 어디까지나 계산기에 지나지 않다. 아니, 진화한 계산기는 지금까지의 수준 이상으로 인간에게 도움이 된다. 그러므로 자동화(기계화)로 효율성이 향상되었듯이 인공지능을 통해서도 한층 더 효율성을 높일 수 있다고 생각한다.

한편, 비관론이라고도 낙관론이라고도 하지 못하는 입장도 있다. 그것은 인공지능이 신처럼 된다고 믿는 사람들이다. 인공지능은 만능이라서 그 만능의 인공지능에 모든 것을 맡기려 하는 것이다.

비관론과 낙관론 중 어느 쪽이 맞는지는 모른다. 그러므로 상황에 맞게 받아들이는 것이 가장 좋을 것이다. 즉, 기본적으로는 낙관론을 지지하면서도 지나치게 낙관론이 되지 않도록 대비해놓는다. 그렇게 하면 포기하는 일 없이 자신의 수준을 끌어올릴 수 있다.

인공지능과 사회의 앞날이 어떻게 되든 중요한 것은 자신을 높이는 것이다. 비관적이 되어 포기해버리면 끝장이다.

참고로 인공지능 문제뿐만 아니라, 행복해지기 위해서는 항상 낙관적인 사람이어야 한다. 철학에서도 수많은 행복론을 낙관주의에 의거하고 있다. 그것을 주장한 대표적인 인물이 프랑스의 철학자 알랭Alain (1868~1951년)이다. 그의 말은 인공지능 시대에도 그대로 통용될 것이다.

"우리 사회는 구하지 않는 자에게는 아무것도 쥐어지지 않는다. '끈기 있게 중간에 포기하지 않고 구하고자 하지 않는 자에게는'라고 나는 말하고 싶다." (알랭 저,『행복론』)

그래도 인공지능은 인간을 초월하지 못한다

나는 그래도 인공지능은 인간을 초월하지 못한다고 생각한다. 이유는 몇 가지가 있다.

우선 인공지능을 만들고 있는 사람들이 인간을 잘 모르고 있다. 즉, 인간을 초월하기 위해서는 인간을 완전히 이해하고 그 이상의 것을 만들어야 하는데 그 전제의 부분에서 이미 한계가 있다.

오해의 소지가 있을 수 있겠지만 좀 과감하게 말하자면, 과학자는 인간을 겉으로밖에 보려고 하지 않는다. 예를 들어 인간에게는 의식이 있다. 하지만 의식을 들여다보는 것은 불가능하다. 이것은 자기 자신밖에 알지 못한다. 자신에게조차 설명할 수가 없다. 다만 '나에게는 있다'라고밖에 말하지 못할 뿐이다.

아무래도 이 부분이 경시되고 있는 것 같다. 아무리 뇌의 구조나 뇌에서 나오는 신호를 조사해도 의식은 보이지 않는다. 표현을 바꾸자면 인간은 여전히 복제할 수 없는 것이다. 그런데도 복제했다고 착각하고 인간 이상의 것을 만들었다고 큰소리쳤다고 한들, 과연 정말 '인간 이상'의 것이라고 말할 수 있을까?

계산능력이 아무리 뛰어나도 그것만으로 '인간 이상'이라고 말할 수 없다. '인간 이상'이라는 말속에는 더 깊은 의미가 있을 것이다.

다음으로 인간에게는 무한의 가능성이 있으므로 인공지능이 이 무한을 넘을 수 없다는 점이다.

이것도 인간 복제와 관련된 이야기로, 인간은 무한한 가능성을 품고 있다는 특징이 있다. 그리고 이 무한의 가능성은 여전히 풀리지 않은 수수께끼다. 이 말은 즉, 아무리 뛰어난 인공지능이 만들어져도 그것이 이 무한한 가능성을 지닌 인간을 이길 수는 없다는 것이다.

거기에는 인간의 무한한 사고력의 가능성도 포함된다. 인간의 사고는 무한하다고 해도 좋다. 내가 지금이야말로 철학이 필요할 때라고 말하는 것은 그러한 이유에서이다.

사고 중의 사고인 철학이라는 사유는 그야말로 인간의 무한한 사고의 가능성을 상징한다. 지난 수천 년 동안 흘러간 앎(知)의 역사를 보라. 한 예로, 자유에 대해 얼마나 많은 사람들이 사고를 펼쳐왔던가? 그저 단 하나의 개념을 가지고 말이다. 그 단 하나의 단어를 위해서 이천여 년 동안 무수의 사람들이 무수의 사고를 하고 무수의 말을 사용해왔다. 이것이 바로 철학의 가능성이다.

그렇다면 과연 인공지능은 철학을 할 수 있을까?

이에 대해서는 논의의 여지가 있겠지만, 나는 못한다고 본다.

왜냐하면 철학적 사고는 단순한 논리 사고와는 달리, 인간의 온갖 능력을 총동원한 신비로운 사고이기 때문이다. 그중에는 당연히 감정이나 무의식과 같은 것이 포함된다. 게다가 그 레시피는 사람마다 각각, 아니, 그 순간순간 장인의 육감에 맡기듯이 달라진다. 도대체 이것을 어떻게 재현하겠다는 말인가(이 논점에 대해서는 뒤에서 차근차근 설명하겠다).

애당초 인간에게는 정체 모를 능력이 갖춰져 있다. 공부도, 스포츠도 할 수 있고, 노래도 부를 수 있고, 웃긴 재주도 부릴 수 있다. 무수의 것을 할 수 있다. 이것들을 모두 인공지능이 초월하기란 불가능할 것이다. 인공지능이 인간을 이길 수 있는 것은 한정된 분야에 불과하다. 가령 그것이 인터넷 상으로 연결된 슈퍼 인공지능일지라도 말이다.

그렇기 때문에 인간은 인공지능이라는 괴물을 만들어낼 수 있었던 것이 아닐까?

아직 납득하지 못한 사람들을 위해 내가 여기서 인공지능이 절대로 인간을 초월하지 못하는 궁극적인 이유를 들어보겠다.

바로 인간이 인공지능을 만들었다는 사실이다. 이는 결코 반박할 수 없는 사실이다. 역사를 바꿀 수 없듯이, 또는 인간이 신을 초월하지 못하는 것처럼. 인공지능은 이 사실 앞에 그저 굴복할 수밖에 없다. 인간은 긍지를 가지고 창시자로서 책임을 다해야 할 것이다. 인공지능에 맡길 것은 맡기고, 자신이 해나갈 것은 제대로 해나가야 한다.

'인공지능의 약점'을 철학하다

여기서 인공지능의 약점을 확실히 짚고 넘어가자. 인공지능의 약점을 알아야 인간이 앞으로 무엇을 해야 하는지가 명확해지기 때문이다. 바꿔 말하면 그것은 인간의 강점을 명백히 하는 것이기도 하다.

인공지능의 약점이라면 다음과 같이 적어도 열 가지를 들 수 있겠다. ① 상식을 모른다, ② 계산밖에 하지 못한다, ③ 경험이 없다, ④ 의지가 없다, ⑤ 의미를 모른다, ⑥ 신체가 없다, ⑦ 본능이 없다, ⑧ 감정이 없다, ⑨ 융통성이 없다, ⑩ 애매함을 모른다.

　이것만 봐도 상당히 중요한 것이 결여되어 있음을 알 수 있다. 반대로 인간에게는 이것들이 모두 갖춰져 있다. 여기서부터는 하나씩 검증하고 대비해보겠다. 당연하게 여겨질 수도 있겠지만, 이 '당연한 것'을 검증하는 것도 철학의 중요한 요소이다.

　① 상식을 모른다

　인간에게는 상식이 갖춰져 있다. 예를 들어 '봄은 좋구나'라고 말했을 때 인간이라면 그 말뜻을 얼추 알 수 있다. 왜냐하면 나라마다 약간의 차이는 있겠지만, 일반적으로 봄은 겨울을 버텨낸 생명이 활동을 시작하는 계절이며, 새로운 것이 시작되는 상징이기 때문이다. 하지만 인공지능에는 그런 상식은 없다.

　상식은 매우 중요하다. 너무 당연해서 굳이 확인하지 않으므로, 그것이 공유되지 않는 경우에는 소통이 잘 이루어지지 않는다. 경우에 따라서는 엉뚱한 대답을 하게 된다.

　상식이 없으면 이 엉뚱한 대답을 혼자서 사물을 생

각할 때도 해버린다. 그것이 인공지능의 약점이다. 반대로 말하면 상식을 가지고 있는 인간은 강력하다. 왜냐하면 상식은 방대하고, 상황에 따라 변화하기 때문이다. 그 변화마저 이해하고, 수시로 상식 수준이나 범위를 설정할 수 있는 것이 인간이다. 분위기를 파악한다고 표현해도 좋을 것이다.

당신 주변에 외국인이 있으면 당신의 상식은 급격히 달라진다. 아이가 옆에 있어도 그렇다. 같은 나라든 성인이든 출신지가 다른 사람이 옆에 있으면 당신의 상식은 확 바뀐다. 그렇게 생각하면 상식이 있고 없고와, 상황에 따라 분위기를 파악하는 능력이 인간에게 얼마나 중요한지, 또한 그것들이 인간의 사고에 얼마나 많은 영향을 미치고 있는지를 새삼 알 수 있다.

② 계산밖에 하지 못한다

인공지능의 최대 약점은 계산밖에 하지 못한다는 것이다. 인공지능이라고 해도 컴퓨터이므로, 기본적으로 가감승제(더하기, 빼기, 곱하기, 나누기)의 사측연산밖에 하지 못한다. 그것을 고속으로 하고 있으니까 마치 다양한 사고를 하는 것처럼 보일 뿐이다. 그렇다면 왜 계산밖에 하지 못하는 물건이 그림을 그리거나 소설을 쓰는 창작활동까지 할 수 있는 걸까?

그 이유는 방대한 데이터를 계산으로 처리하고 있으므로, 그 경우 어느 것이 맞는지, 즉 어느 것으로 해야 하는지 선택을 정확하게 할 수 있기 때문이다. 그리고 그것을 가장 알맞게 조합하고 있을 뿐이다. 이를 위해서는 본보기가 필요하거나, 무엇보다 빅데이터와 같은 방대한 데이터베이스가 필요해지기도 한다.

이 후자의 부분이 중요하다. 즉, 데이터가 없으면 인공지능은 당해낼 수가 없다. 인간의 행동에는 광적인 부분이 많기 때문에 이를 모두 데이터로 나타낼 수는 없다. 장기나 바둑처럼 정해진 움직임만 있는 게 아니니까. 예컨대 새로운 사건이 발생했을 때 인공지능은 이에 대한 데이터가 거의 없기 때문에 여기서 인간에 맞설 수 없게 되는 것이다.

사람들은 인공지능 속에 마치 마법과 같은 두뇌가 들어 있다고 착각하기 쉬운데, 인공지능은 고작 계산기일 뿐이다. 계산 말고는 할 줄 아는 게 없다고 하니

갑자기 우월감이 느껴지지 않는가?

③ 경험이 없다

이것은 철학의 의의에 대해 이야기할 때 구체적으로 설명하겠지만, 인공지능은 경험이 없다. 인생이 없다고 해도 좋을 것이다. 인간은 태어나서 죽을 때까지 수많은 경험을 거듭한다. 그리고 그것을 '인생'이라고 부른다.

다섯 살 때 이런 일이 있었다거나, 고등학생 때 이런 경험을 했다는 등 누구나 가지고 있는 고유의 경험이 사고에 큰 영향을 미친다. 사람들은 그 고유의 경험을 데이터베이스 삼아 사고를 한다. 그래서 고유의 사고가 가능해지는 것이다.

인공지능에도 다양한 경험의 기록을 인풋하거나, 뭣하면 전 인류의 경험을 데이터베이스로 활용하는 것도 가능하다고 반론하는 사람도 있을 수 있다. 물론 가능은 하지만, 그것은 기억이나 추억과는 다르다.

우리 인간의 경험은 인생이라는 스토리 속에서 구축되며, 거기에는 문맥이 있다. 이를 '기억'이나 '추억'이라고 부르는 것이다. 그래서 사건의 데이터베이스와 기억이나 추억이 다른 점은 거기에 문맥이 있는가를 보면 그 차이를 알 수 있다.

구체적으로 무엇이 다른가 하면 각자 관련 사항을 조합하는 능력을 살펴보면 알 수 있다. 즉, 인간은 경험을 끄집어낼 때 A라는 사항뿐만 아니라, 그와 관련된 B나 C와 같은 전혀 다른 시기에 일어난 일들을 하나로 섞어버린다.

그것은 관련 키워드에서 유사한 것을 기계적으로 끌어내는 인공지능과는 달리, 자신 속에서 어떠한 관련성이 있으면 하나로 섞어버리는 지극히 주관적인 작용이다. 이것이 바로 사실이라는 객관적인 것에만 눈을 돌리는 기계와 다른 점이다.

④ 의지가 없다

의지란 무엇일까? 그것은 무언가를 하려고 결심하거나 무언가를 하고 싶다고 느끼는 마음이다. 그것이 강해지면 '뜨거운 마음'이라고 불리거나 '열정'이라고 불리기도 한다. '욕심'이라도 할 수 있을 것이다.

이러한 마음의 벡터가 인공지능에는 결여되어 있다.

인공지능은 목적을 인풋하면 그것을 실현하기 위해서, 즉 답을 최적화하기 위해서 매진한다(실제로는 그저 계산을 반복할 뿐이지만). 이로부터도 명백히 알 수 있듯이 최적의 답을 내는 것과, 인간이 하고 싶다고 느끼고 안간힘을 쓰는 것과는 전혀 다르다.

이해를 돕기 위해서, 인공지능과 인간이 어떤 계산 문제를 갖고 풀고 싶어 한다고 치자. 인공지능은 계산을 되풀이하고 최적의 답이 나오면 계산을 끝낸다. 미션이 끝났으니 당연하다. 하지만 인간은 납득되지 않으면 납득될 때까지 계속한다. 가령 그것이 객관적으로 최적이라 할지언정 자신이 하고 싶으면 어리석게도 계속한다. 이상을 추구하며.

이것이 의지를 가진 인간과 그렇지 않은 인공지능과의 가장 큰 차이이다. 언뜻 인간의 어리석음을 부각시키는 것처럼 들리겠지만 결코 그렇지 않다. 왜냐하면 계속함으로써 인간은 다른 새로운 것을 발견할 가능성이 있기 때문이다. 어쩌면 그것은 이 문제의 저편에 있는 것일지도 모른다.

다시 말해, 당신이 어느 수학 문제를 푸는데 무언가가 납득되지 않으면, 비록 답이 나왔어도 당신은 계속해서 그 문제를 붙들고 씨름을 할 것이다. 그러다가 어느 순간 당신 자신도 의식하지 못했던 숨은 목적이 떠오르는 걸 당신은 느낄 것이다. 과거에 당신은 이런 경험을 하지 않았는가?

사실은 그 문제의 답을 원했던 것이 아니라, 배후에 있는 숫자의 수수께끼를 알고 싶었을 뿐이고, 계속하다 보니 그 숨은 동기를 깨닫고 동시에 그것이 새로운 발견으로 이어진 것이다. 노벨상으로 이어지는 발견 에피소드에서도 이런 이야기를 자주 들을 수 있다.

그 궁극이 '삶'일지도 모른다. 인간은 왜 살고 있는가? 행복해지고 싶다거나, 꿈을 이루고 싶다 등 각자 답이 있을 것이다. 하지만 그 배후에 살고 싶다는 숨은 의지가 있는 것이다. 그것이 없으면 살 수 없다. 그러므로 인간은 살고 있는 것이다.

⑤ 의미를 모른다

인간이 사물을 인식하거나 사고하거나 소통할 때, 그 대상이 어떤 의미를 가지고 있는지를 반드시 파악하고 있다. 예컨대 '당신을 사랑해'라고 말했을 때, '당신'의 의미와 '사랑한다'의 의미를 모르는 사람은 없을 것이다.

물론 '사랑한다'는 어려운 개념이므로 완전히 알고 있느냐고 물으면 나도 확실히 대답할 자신은 없다. 하지만 적어도 우리 나름대로 이해를 하면서 언어를 사용하고 있다. 그러나 인공지능은 그렇지 않다. 가령 '사랑해'라고 말할 수 있어도 그 의미는 전혀 알지 못한다.

'사랑한다'란 그 대상을 늘 생각하고, 그 대상을 생각하기만 하면 가슴이 뛰는 것이라고 정의해도 여전히 모를 것이다. 이 정의로는 스테이크를 사랑하는 것과, 애인을 사랑하는 것의 차이를 알 수 없을 테니까.

컴퓨터는 형식적인 정의밖에 이해하지 못한다. 이는 사물의 의미와는 다르다. 사물의 의미란 더 깊은 법이다. 그것은 인간의 마음이 들어감으로써 더 깊어진다.

인공지능이 의미가 있어 보이는 문장을 만들었다고 하자. 하지만 그것은 수많은 본보기를 토대로 해서 인간이 의미를 가지고 사용할만한 문장과 근접하게 만든 것일 뿐이다. 나는 그 문장에 의미가 있다고 생각하지 않는다.

예를 들어 인간이 '내일은 바람이 불 것이다'라고 말했을 때, 내일 일은 어떻게 될지 모르므로 이런 말은 해봐야 아무 소용도 없는 의미이도 하다. 반면에 인공지능은 오늘은 바람이 불었기 때문에 내일은 다른 바람이 분다는 의미로 해석할 것이다. 요컨대 내일 일은 생각해도 소용없다는 것과, 내일은 물리적으로 바람이 분다는 것의 구분을 못하는 것이다.

⑥ 신체가 없다

인공지능에는 신체가 없다. 사람들은 인공지능이라고 하면 영화의 영향도 있겠지만, 그것을 탑재한 안드로이드를 떠올리기 마련이다. 또는 페퍼Pepper와 같은 사회에서 운용이 시작되고 있는 로봇을 상상하곤 한다. 어쨌거나 인공지능은 단순한 컴퓨터 시스템이다.

오히려 인터넷에 가깝다고 말하는 사람도 있다.

실제로 범용형 인공지능은 네트워크 상의 데이터에 접근해서 답을 도출한다. 아마존의 음성인식 스피커 알렉사Alexa와 같은 이미지이다.

그렇다면 안드로이드형 인공지능이라면 인간과 똑같이 신체를 가진다고 할 수 있을까?

답은 '아니요'다. 아무리 손발이 있어도 그것을 '신체'라고 부를 수 없다. 단순한 형상, 디자인에 지나지 않는다. 컴퓨터에 다리와 같은 부품을 설치했을 뿐이다. 여기서 신체라고 말하는 것은 뇌에서 나온 신경이 온몸에 퍼져 있고 선단의 어느 부분에도 똑같이 의식이 퍼져 있는 실체를 말한다.

우리 인간의 몸은 뇌를 포함한 모든 것이 균질하고, 모든 것이 자신의 일부이다. 하지만 인공지능으로 보자면 아무리 손발이 달려 있어도 그것은 지휘명령 계통이 다루는 도구에 지나지 않다. 그러므로 신체 따위는 신경도 쓰지 않을 것이다. 아니, 지휘명령 계통도 포함해서 자신이라는 것에 관심 자체가 없다.

이에 반해 인간에게 신체는 때로 정신보다 소중한

것이 된다. 그 증거로 만약 누군가와 몸이 바뀌어서 어느 쪽이 진짜 자신이냐고 물으면 몸을 고르는 사람이 있으니 말이다. 혹은 만약 몸을 못 쓰게 되어 뇌로만 살아가야 한다면 어떨지 물어보면 그럴 바에는 죽는 게 낫다고 말하는 사람도 있다. 즉 그만큼 신체가 중요한 것이다.

⑦ 본능이 없다

본능이란 무엇인가? 일반적으로는 생물이 태어날 때부터 가지고 있는 성질로 받아들여지고 있다. 인간에게 본능이란 태어나면서 물려받은 성질을 말한다. 분명 인간은 배운 적도 없는데 걷거나 생각을 할 수 있다. '방어 본능'이라는 말이 있듯이 자신의 몸을 지키기 위해 취하는 행동은 원래 갖춰져 있는 것이다.

이처럼 타고난 성질이라고 하면 인공지능은 속수무책이다. 왜냐하면 인공지능은 태어날 수 없으니까. 물론 미리 다양한 데이터를 인풋해놓을 수는 있다. 하지만 그것은 본능이 아니다. 단순한 정보이다. 그 정보에 근거하여 일정 행동을 취하지 않으면 본능이 되지 않는다.

그중에서도 생존을 위한 행동이 인간의 전형이다. 인간이 본능이라는 것을 가지고 있는 것도 살기 위해서이다. 씨를 보존하기 위해 생명체는 그에 필요한 만큼의 정보를 이어받는다. 그러므로 아무것도 몰라도, 배우지 않아도 최소한 살아갈 수 있다. 본능이라고 말했을 때 몸을 지키기 위한 방어 본능이나, 씨를 남기기 위한 성과 관련된 행동이 예로 나오는 것은 그 때문이다.

이성과 본능은 곧잘 대비되곤 하는데, 이성이 생각하는 것인데 반해 본능은 생각하지 않아도 작동하는 능력으로 인식되고 있다. 일일이 생각하고 움직이고 있다가는 살아갈 수 없기 때문이다. 가르쳐줘야 안다면 그 기회를 놓친 개체는 살아남을 수 없다. 인공지능은 어디까지나 인간이 정보를 인풋하지 않으면 살 수 없는 기계인 것이다.

⑧ 감정이 없다

인공지능에는 감정이 없다. 이를 약점이 아닌, 오히

려 강점으로 생각하는 사람도 있을 것이다. 왜냐하면 감정은 인간의 마음을 흔들고, 때로 잘못된 방향으로 끌고 가기 때문이다. 하지만 결코 나쁜 것만은 아니다.

감정은 잘만 사용하면 사고가 강해진다. 당신도 그런 경험이 있을 것이다. 예를 들어 시험이나 시합 전에 누군가 가까운 사람이 죽어 그 슬픔에 탄력받아 그 사람을 위해서 더 노력하게 되는 그런 경험. 이는 드라마에서도 흔히 볼 수 있는 이야기이다.

이런 경험은 인간이라면 누구나 있다. 감정이 평소 이상의 힘을 끌어내주는 것이다. 그것은 사고에도 적용된다. 물론 냉정함을 뺏는 감정은 마이너스지만, 열의를 북돋는 감정은 플러스이다.

무엇보다 감정이 있으니까 우리는 인생을 풍요롭게 살 수 있다. 눈물을 흘리거나, 가슴이 뛰거나, 설레거나, 뜨거워지거나… 이런 것들은 모두 감정이 할 수 있는 일이다. 슬픈 영화를 보고 울거나 좋은 음악을 들으며 감동하는 것은 논리의 영역이 아니다.

이러한 감정 표현들이 우리의 인생을 풍요롭게 해주고 있다. 만약 영화를 봐도 아무 생각이 들지 않고,

음악을 들어도 아무 느낌이 들지 않으면 어떨까? 인생은 무미건조하고 매우 시시할 것이다.

아쉽게도 인공지능의 인생은 그런 무미건조한 것이다. 그 이유는 감정이 없기 때문이다. 눈물이 흐르는 것은 약하다는 증거이다. 그러나 그 약함이야말로 인간의 무기이다. 아니, 희로애락 모두 그렇다. 기쁘니까 열심히 하고, 분노를 에너지로 바꾸고, 슬픔에 탄력받고, 즐거우니까 더 하고 싶어진다. 그것이 감정을 가진 인간의 헤아릴 수 없는 부분이다.

⑨ 융통성이 없다

인공지능에는 융통성이 없다. 이는 모든 것에 있어서 그렇다. 사물의 판단도, 사고 방법도, 결론을 내리는 방법도, 죄다 빈틈이 없다. 아니, 빈틈을 내지 못한다. 빈틈을 주면 어찌할 바를 모른다. 이것이 이른바 0 아니면 1의 컴퓨터의 슬픈 천성이다.

SF 작품에는 우스꽝스러운 장면이 나온다. 인간이라면 바로 알 수 있는 것을 안드로이드는 이해하지 못해 고개를 갸웃거리는 장면이다. 그러한 대부분의 이유는 그들에게 융통성이 없기 때문이다.

문장을 이해할 때도 그렇다. 어느 정도의 융통성도 없으면 내용을 잘 파악하지 못할 때가 있다. 액면대로 받아들인다고 다 이해되는 것은 아니다. 여기서도 인간의 장점인 유연한 해석 능력과 대비된다.

결론을 내릴 때는 더더욱 이 융통성이 요구된다. 예를 들면 인간이라면 '뭐 어때' 하고 넘어갈 때가 있다. 어쩔 수 없으니까 포기하거나, 굳이 추궁하지 않고 끝낼 수 있다.

그러나 인공지능에 그런 유연성은 없다. 끝까지 추궁한다. 설령 그 결과가 파멸에 이를지라도 말이다. 왜냐하면 인공지능에겐 파멸과 같은 발상이 아예 없기 때문이다. 목적을 인풋하면 그것을 이룰 때까지 계속한다. 그것이 인공지능이다.

⑩ 애매함을 모른다

인공지능은 애매함을 모른다. 애매하다란 완벽하지 않음을 의미한다. 컴퓨터는 완벽을 지향한다. 애매한 답을 하는 컴퓨터는 들어본 적이 없다. 가령 표면상으로는 애매해 보이는 답을 냈더라도 그 경우는 타산적으로 그 답을 낸 것이다.

그렇지만 인간은 정말로 애매한 답을 낼 수 있다. 즉, 자기 자신도 잘 모르는 점이 있는 것이다. '긴가민가하지만', '기억이 정확하지는 않지만'과 같이 말할 때가 있는데, 이때는 정말 머리에 뿌옇게 안개가 낀 상태이다. 그래도 대답할 수는 있다. 'A였나, B였나'와 같이.

이는 인간이 불완전하니까 가능한 일이다. 인간은 컴퓨터와는 달리 불완전한 존재이다. 실패도 하고 포기도 한다. 그 불완전함이 애매함을 낳는다. 게다가 그것이 미덕이 되는 경우조차 있다.

이는 예술을 떠올리면 알기 쉽다. 무엇이 그려져 있는지 잘 알 수 없는 회화나, 마지막이 어떻게 되었는지 잘 알기 어려운 소설이 있는데, 이는 일부러 그렇게 해놓은 것이다. 일부러 애매하게 함으로써 여운을 남긴 것이다.

지금까지 인공지능의 약점을 열 가지 들었는데, 이

렇게 살펴보니 인간이란 얼마나 훌륭한 생물인지를 깨닫게 된다. 매우 섬세하고 정교하게 만들어졌고, 더구나 수수께끼에 가득 차 있기까지 하다.

흔히 인간은 우주 못지않게 미지의 영역이 많다고 하는데 맞는 말이다. 고작 100킬로도 안 되는 고깃덩어리가 저 광대한 우주만큼의 수수께끼를 품고 있다니, 그 사실 자체가 그저 신기할 따름이다. 그렇지 않은가?

일은 편해지는가?

인공지능에 의해 일이 편해질지 어떨지는 비관론과 낙관론으로 입장이 크게 나뉜다. 단, 비관론에서는 기본적으로 편해질 일은 없으므로 여기서는 낙관론을 전제로 생각하기로 한다.

먼저 인공지능이 기계적인 사무업무를 처리해주는 경우에는 무조건 편해진다. 컴퓨터가 도입됨으로써 단순 업무에 소요되는 상당한 시간이 단축되었는데,

그것이 한층 더 진전된다고 생각하면 된다.

그 인공지능을 탑재한 로봇을 사용하면 육체노동도 줄어들므로, 인간은 전원을 누르기만 하면 된다. 식기세척기나 건조세탁기, 혹은 로봇청소기가 가사노동에서 인간을 해방했듯이 많은 사람들이 일에서 해방될 것이다.

그럼 우리는 무엇을 하는가?

바로 창조적인 일이다. 보다 창의적인 일에 종사하게 된다. 기획을 하거나, 아이디어를 내거나, 디자인을 하는 것 등말이다.

오해하기 쉬운데, 복잡하고 어려운 일이 꼭 창의적이라고는 할 수 없다. 예를 들면 의사나 변호사와 같이 복잡하고 어렵지만 어느 정도 정해진 것을 정확하게 하도록 요구되는 일은 인공지능이 더 잘해낸다. 그보다 감성적이고 애매한 일이 인공지능에게는 더 어려운 것이다. 이것은 인간도 어려워하는데 종래는 그다지 중시되지 않았다. 사실은 매우 귀중하고, 이것이야말로 인간만의 탁월한 능력을 발휘할 수 있는 분야임에도 불구하고 말이다.

물론 일부 예술가나 전문가는 높이 평가되어왔지만, 그런 사람들은 특별하다고 여겨져 왔다. 그래서 복잡하고 어려운 일을 정확하게 할 수 있는 의사나 변호사가 일반적으로 더 대단하게 여겨진 것이다. 하지만 그 부분이 크게 달라진다.

그리하여 인간은 창조적인 일에만 종사할 수 있게 될 건데 그것을 편하다고 할지 어떨지는 의견이 엇갈릴 것이다.

육체적으로 편하다고 해도 머리는 사용하므로, 그런 의미에서는 결코 편하다고는 할 수 없다. 오히려 창조적인 일을 즐길 수 있는가를 봐야 할 것이다. 재미있는 일은 재미있다고 느끼는 법이다. 마치 놀이처럼 말이다. 개인적으로는 편해진다고 생각한다.

그렇다면 만약 인공지능이 창조적인 일까지 하게 되면 어떨까?

인공지능은 이미 그림도 그리고 소설도 쓴다. 아직은 모방하는 수준이지만 거기서 독창적인 그림을 그려내기도 한다. 지난 2016년에 렘브란트 그림에 관한 정보를 인공지능에 인풋했더니 인공지능이 그것을 응용해서 렘브란트의 신작을 그렸다고 하는 뉴스가 화제가 됐었다. 인공지능이 쓴 소설도 이미 문학상에 응모할 수 있는 수준까지 와 있다.

이에 대해서는 과연 그것이 진정한 창조성이라고 할 수 있는가라는 논의가 일고 있다. 어디까지나 컴퓨터의 계산 결과에 불과하다며, 즉 기존의 정보를 모아서 그것을 새로 조합하기만 했을 뿐이라는 시각이 다분하다. 다만 창조성이란 원래 그런 것이긴 하다. 인간도 기존의 정보를 새로 조합함으로써 창조를 하고 있으니까.

그렇지만 나는 역시 인간의 창조성이 더 대단하다고 생각한다. 왜냐하면 거기에는 전인격이나 상식과 같은 것이 작용하기 때문이다. 창조란 바로 그러한 행위나 다름없다.

적어도 창조적인 일은 인공지능에 뺏기지 않을 것이다. 인공지능은 경쟁자일 뿐이다. 앞으로는 인공적으로 만든 것이 좋은지, 인간이 만든 것이 좋은지를 두고 취향 차이가 생길 것으로 보인다. 지금도 창작세계에는 이러한 차이가 존재하고 있다.

이 경우, 일이 편해지는가라는 점에서는 인공지능이 창조적인 일도 할 수 있게 되면 유능한 조수로 활용할 수 있으므로 일이 편해질 것은 확실하다. 인공지능이 고집을 부리거나 의견 충돌을 일으키면 곤란하지만, 그것은 인간의 사제관계에서도 일어날 수 있는 일이므로 어쩔 수 없다. 어쩌면 이런 점에선 해고하기 쉬운 인공지능이 더 나을 지도 모른다.

노동의 양극화

인공지능 시대의 노동에 대해 조금 더 현실적으로 생각해보자. 이는 이미 일어난 일이지만, 인공지능 덕분이라고 해야 될지, 인공지능 때문이라고 해야 될지 모르겠으나 노동의 양극화는 확실히 나타나고 있다.

그것은 '머리를 사용하는 일'과 '머리를 사용하지 않는 일'로 대립된다. 인공지능의 등장으로, 인공지능을 개발하거나 유지관리하는 일이 생겼다. 그것은 꽤 어려운 일이므로 머리를 사용하는 일이라고 할 수 있다. 인공지능의 연구자나 고도의 프로그래밍이 가능한 수준의 IT 관련 업무는 인프라와 관련된 전문직으로서 우대를 받을 것이다.

또 인공지능이 단순 업무를 이어받게 되면 인간에게는 보다 고도의 창조적인 업무가 요구된다. 그러한 창조적인 업무도 머리를 사용하는 일이라고 할 수 있다. 예를 들면 이벤트 기획이나 상품 개발, 디자인 등 인간만이 할 수 있는 창조성을 잘 활용할 수만 있다면 인간은 인공지능에 뒤지지 않는 일을 할 수 있을 것이다.

이에 반해 인공지능과는 전혀 상관이 없고, 또한 창조성도 요구되지 않는 일이 머리를 사용하지 않는 일이 된다. 물론 어떤 일이라도 머리를 전혀 사용하지 않을 수는 없으므로 이는 정도의 문제이다. 육체노동을 머리를 사용하지 않는 일로 생각하고 있는 것은 아니니 오해하지 말기 바란다.

상품 개발이나 디자인도 머리를 사용하지 않고 매번 비슷한 것만 만들 바에야 인공지능에 맡기는 편이 낫다. 이는 인공지능의 유지관리도 마찬가지이다. 패턴화된 것은 인공지능이 얼마든지 처리할 수 있으므로 당연하다.

그런 의미에서는 웬만한 예외적인 대응을 제외하고, 매뉴얼화된 일은 모두 머리를 사용하지 않는 일이 된다. 대학교수들도 방심할 수 없다. 매년 같은 수업을 할 바에는 차라리 인공지능이 교수가 되는 것이 낫다는 말을 듣게 될 수도 있으니까.

마치 불안감을 부추기는 것처럼 들릴지 모르겠지만, 내가 말하고 싶은 것은 인공지능이라는 인간과 동등하거나 그 이상의 능력을 가진 존재의 등장으로 노동 환경이 격변하고 있다는 사실이다. 이 사실을 한시라도 빨리 직시할 필요가 있다.

머리를 사용하는 일과 머리를 사용하지 않는 일 중 나는 과연 어느 쪽인지 생각해보고, 그 변화에 대비해야 한다.

인재의 양극화

인공지능의 등장으로 노동이 양극화된다는 것은 곧 인재의 양극화를 의미한다. 바로 '인공지능을 사용하는 사람'과 '인공지능에 복종하는 사람'이다. 극단적으로 말하면, 인공지능의 주인이 될 것인지, 인공지능의 노예가 될 것인지를 말한다.

독일의 철학자 헤겔Hegel(1770~1831년)이 제기한 '주인과 노예의 변증법'이라는 유명한 개념이 있다. '싸움에 이겨서 주인이 된 자는 진 사람을 노예로 사용한다. 하지만 주인은 노예의 노동에 의존할 수밖에 없으므로 역전이 일어나 결국 노예가 정신적으로 우위에 서게 된다'는 것이다. 거기서부터 양자의 상호 승인이 발생한다는 논의도 있다.

이것을 인공지능으로 바꾸면 어떻게 될까?

먼저 인간과 인공지능 중 누가 주인이 되느냐인데, 헤겔에 따르면 생사를 건 싸움에서 두려워하지 않고 싸운 쪽이 주인이 된다. 그렇다면 인공지능과의 싸움을 포기하지 않고 이기면 인간이 주인이 된다. 이 경우 인간은 인공지능을 사용하는데, 어느새 인공지능에 의존하게 된다. 인공지능은 아니지만 현대 IT 사회가 바로 그렇다. 인간은 이미 컴퓨터나 인터넷 없이는 아무것도 하지 못하게 되었다.

반대로 인공지능이 싸움에서 이긴 경우, 인공지능이 주인이 되고 인간이 노예가 된다. 인공지능이 의식을 가지게 되어 실제로 인간을 물리적 노예로 쓴다는 가정은 아직 하기엔 이르므로 조금 더 현실적으로 생각해보자. 예를 들면 인공지능이 인간보다 더 똑똑하고 정확하므로 인공지능의 말대로 일을 하게 되는 상황을 떠올려 보자. 이런 상황은 충분히 일어날 수 있다. 억울하지만 인간의 뜻대로 되지 않을 것이다. 회사가 그것을 용납하지 않으니까.

이때 헤겔의 개념으로는 어떻게 될까? 인공지능은 과연 인간에게 의존하고 있다고 자각할 수 있을까? 또한 인공지능은 정말로 인간에게 의존하고 있을까? 아마 그렇게 되지 않을 것이다. 왜냐하면 인공지능은 그저 인간에게 정보를 제공하고 있을 뿐이니까. 따라서 인간은 초라한 노예 상태가 되고 말 것이다.

여기서 알 수 있는 것은 인간은 결국 초라한 상황에 놓일 운명에 있다는 것이다. 인간은 인공지능과 경쟁해서 좋을 것은 하나도 없다. 따라서 그렇게 되지 않기 위해서라도 인공지능을 인재로 받아들이고 경쟁하는 짓은 하지 말아야 한다. 인공지능에 사용되는 사람이 되는 것은 논외로 하고, 인공지능을 사용하는 사람이 되는 경우에도 인공지능을 단순한 도구로 취급하면서 의존하지 않을 정도로만 사용하는 것이 가장 이상적이다. IT와 같은 전철을 밟지 않으려면 말이다.

요구되는 인재

그렇다면 앞으로의 시대에는 과연 어떤 인재가 요구될까?

지금까지 얘기했지만 다시 분명하게 말하자면, 그것은 제대로 사고할 수 있는 사람이다. 그리고 제대로 사고하기 위해 꾸준히 공부할 수 있는 사람이다. 후자에 대해서는 의외라고 생각할지도 모르겠다. 하지만 사고를 하기 위해서는 계속해서 인풋을 할 필요가 있다.

이는 시대의 변화에 맞춰서 지식을 머리에 넣는다는 의미도 있지만, 계속해서 사고한다는 의미도 있다. 지금까지는 한 번 대학을 나오면 기본적으로는 더 이상 공부할 필요가 없었다. 왜냐하면 사회에서 요구되는 지식이 그만큼 변화하지 않았기 때문이다.

그러나 앞으로의 시대는 그렇게 되지 않는다. 그래서 요즘 자기계발을 위한 비즈니스 서적이 불티나게 팔리고 있고, 비즈니스 스쿨을 비롯한 사회인 리커런트교육(사회인이 학교로 되돌아가서 받는 교육)이 크게 주목받고 있는 것이다. 게다가 백세시대가 되면 대학을 나오고 십 년 뒤에 리커런트교육을 한 번 받았다고 해서 끝난 게 아니다. 리커런트란 반복이라는 뜻인데, 글자 그대로 여러 번 반복해서 십 년에 한 번 꼴로 다시 배워야 하는 것이다.

나도 십 년마다 공부를 다시 하고 있다. 이십 대에 대학 법학부를 나와 상사에서 근무했다. 그 후 삼십 대에 시청에 이직하고, 시청에서 근무하면서 대학원에 다니며 철학 박사학위를 취득했다. 고등전문학교에서 철학을 가르쳤던 사십 대에는 미국 대학교에서 일 년간 배우고, 귀국 후 국립대에서 일자리를 얻었다. 그리고 이년 후인 오십 대인 지금 다시 새로운 것을 배우려고 계획하고 있다.

흥미로운 것은 그때마다 다른 것을 배우고 있다는 점이다. 그리고 다시 배울 때마다 결과적으로 한 단계씩 오르고 있다.

앞으로 요구되는 인재는 꾸준히 공부할 수 있는 사람이다. 그렇다고 수험생처럼 주입식 공부를 평생 하자는 것이 아니다. 내가 권하는 것은 '슬로우 스터디 slow study'이다. 천천히 착실하게 배우고 사고하는 것. 그렇다. 공부는 어디까지나 사고하는 것을 전제로 해야 한다.

사회는 지금까지 무조건 '빨리빨리'를 요구해왔다. 이는 인터넷의 속도가 빨라지는 데에도 영향을 미친다. 왜 빨라야 하는가? 그 이유는 누구보다도 빨리 답을 얻기 위해서이다. 구글로 검색하면 몇 초 걸렸는지가 나온다. 대게 일 초도 걸리지 않지만.

관점을 바꾸면, 이는 답만 구하는 주입식 공부의 결

과라고도 할 수 있다. 답만을 구하는 습관이 답만을 구하는 사회를 낳은 것이다. 필연적으로 그것은 답을 도출하는 속도를 다투는 사회의 도래를 의미한다.

그렇게 생각하면 인공지능은 그런 부분에서 최전선에 있다고 봐도 좋을 것이다. 인공지능은 방대한 시간이 걸리는 일도 순식간에 해치운다. 그리고 답을 내준다. 더 이상 인간이 생각할 필요가 없다. 인간은 그만큼 창조하는 데 시간을 돌릴 수 있겠지만, 지금까지 답만 구해온 사람들이 갑자기 창조를 할 수 있을 리 없다.

그러므로 앞으로는 답을 구하는 것이 아니라 사고하는 데에 힘을 써야 한다. 창조에 시간을 들이기 위해서.

만약 앞으로 무엇을 공부해야 할지 고민이라면 우선 철학부터 배우는 것을 추천한다. 이렇게 말하는 이유는 철학은 모든 학문의 어머니이며, 최강의 학문이기 때문이다. 이에 대해서는 다음 장에서 설명하겠다.

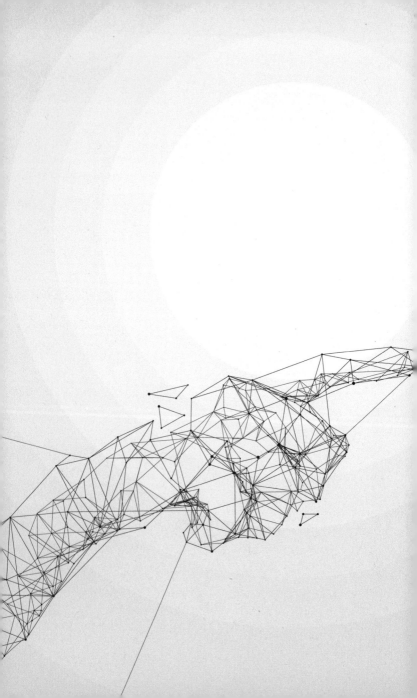

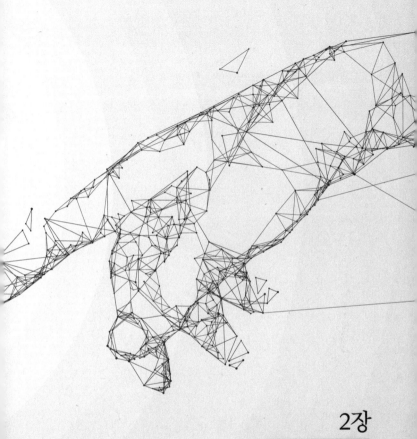

2장
───────

철학이야말로
최강의 학문이다

오래되고 새로운 학문

앞장에서는 인공지능의 영향력과 문제점에 대해서 얘기했는데, 이번 장에서는 그에 대항하는 힘으로서의 철학에 대해 이야기해보려고 한다. 이를테면 철학의 반격이다.

철학은 이천여 년의 역사를 가지고 있지만, 실은 새로운 학문이기도 하다. 여기에는 두 가지 의미가 있다. 하나는 철학도 또한 나날이 진화하고 있다는 점이고, 또 하나는 철학이 사고법으로서 재평가되고 있다는 점이다.

첫 번째로 철학의 진화에 대해서 말하자면, 이것이야말로 철학의 잠재력이라고 할 수 있다. 철학이란 무엇인가? 한 마디로 말하자면 깊이 생각하는 것이다. 컴퓨터를 사용해야 할 정도로 복잡한 계산도 없을뿐더러, 희소한 약품을 사용해서 실험할 필요도 없다. 머리만 있으면 누구나 할 수 있는 학문이다.

그럼에도 불구하고 그 학문이 중요하게 여겨지고 전성기를 맞이한 근대는 물론, 현대에서도 여전히 필요시 되고 있다. 실제로 인공지능의 등장으로 철학이 크게 각광받고 있다. 도대체 왜일까?

그 이유는 지금까지 철학이 그런 기대에 부응해왔기 때문이다. 인류가 미지의 문제에 닥칠 때마다 철학은 반드시 답을 내왔다. 예를 들면 종교가 지배하는 세계에서 인간은 어떻게 살아가야 하는지, 왕이 지배하는 세계에서 어떤 사회가 이상적인지, 또 최근에는 인터넷 사회를 어떻게 살아갈 것인지와 같은 어려운 문제에 대해 철학은 늘 명확한 답을 내왔다.

그러므로 인공지능의 등장이라는 전례 없는 문제에 직면해 안절부절못하는 인류가 철학에 기대를 거는 것도 무리는 아니다. 머리말에서 단언한, 가장 오래된 학문이 최첨단 기술을 이긴다란 그런 의미이다.

누구나 할 수 있는 학문인데 엄청난 답을 낸다. 아니, 누구나 할 수 있는 학문이기 때문에 오히려 엄청난 답이 나오는 것일지도 모른다. 층이 두터운 것이다. 즉, 당신도 할 수 있다. 인공지능 시대를 어떻게 살 것인지에 대해 철학만 공부하고 나면 당신도 스스로 그 답을 이끌어낼 수 있다.

다음으로 철학이 사고법으로서 재평가되고 있는 점에 대해 설명하겠다. 철학을 배우는 사람은 먼저 철학사를 배운다. 누가 무엇을 말했고, 어떻게 생각했는지를 순서대로 쫓아간다. 그럼으로써 지식이 어떻게 발전했는지를 알게 된다. 그런 다음에 철학자를 한 명 골라서 자세하게 배워 나간다. 여기서도 또한 그 철학자가 구체적으로 무엇을 생각했는지 차근차근 검증한다.

마치 고전 연구와 같다. 그렇지만 이것이 철학 연구의 실태였다. 그중에는 예외적으로 그런 거인의 어깨에 올라타면서도 그 앞을 가기 위해 애쓴 사람도 있었지만, 대부분 문헌학으로 끝나고 말았다.

그런데 본래 철학은 달랐다. 처음 본격적으로 철학을 시작했다고 알려진 고대 그리스의 소크라테스는 문헌학 따위는 하지 않았다. 그는 그저 사람들에게 묻고 함께 생각을 했을 뿐이다. 말하자면 지혜를 사랑했을 뿐이다. 철학(philosophy)의 어원은 '지혜(sophia)를 사랑하는(philo) 것'이다. 그러므로 철학이란 그 자체가 사고법인 것이다. 그래서 나는 철학을 다음과 같이 정의하고 있다.

사물의 본질을 비판적으로, 또한 근원적으로 생각하고 말로 표현하는 것. 쉽게 말하자면, 사물을 철저하게 의심해서 생각함으로써 그 정체를 밝히자는 뜻이다. 이를 위한 사고법이 바로 철학이다.

최근에 드디어 철학을 그러한 사고법으로서 재평가하는 움직임이 나오기 시작했다. 실용서, 비즈니스서로서의 철학이 주목을 받고 있는 것이 그 증거이다. 그런 의미에서 예부터 문헌학처럼 존재해왔던 철학이 마침내 사고법으로서 새롭게 베일을 벗으려 하고 있다.

당신이 배워야 할 것은 이 사고법으로서의 철학이다. 이를 위해서는 어느 정도의 철학 지식이 필요하지만, 결코 고전 연구를 할 필요는 없다. 솔직히 말하자면 고전을 읽지 않아도 철학 사고를 할 수 있다.

대학교에서 철학을 가르치고, 학회에 소속해서 철학을 연구하는 사람이 이런 말을 하기가 뭣하지만 감히 단언한다. 누군가가 '임금님 귀는 당나귀 귀!'라고 말하지 않으면 세상은 바뀌지 않을 테니까.

철학을 사고법으로 이용한다

앞서 철학이란 사물의 본질을 비판적으로 또한 근원적으로 생각하고 말로 표현하는 것이라고 설명했다. 그리고 그것을 단순화해서 사물을 철저하게 의심해서 생각함으로써 그 정체를 밝히는 것이라고 설명했다. 이에 대해 조금 더 자세하게 이야기해보겠다.

이것은 예전에 내가 저술한 『철학자의 뇌를 훔쳐라: 7일 만에 똑똑한 사람 되기(7日間で突然頭がよくなる本 PHP文庫)』에서 공개한 철학 방법인데, 그 과정은 ① 의심하기, ② 재구성하기, ③ 언어화하기로 세 단계로 나눌 수 있다. 철학이란 머릿속으로 이 세 단계를 밟는 것이나 다름없다. 이를 통해 사물의 본질을 탐구할 수 있다.

참고로 가지타니 신지梶谷真司 도쿄대 대학원 교수가 쓴 『생각한다란 어떤 것인가(考えるとはどういうことか─0歳から100歳までの哲学入門)』에 따르면 철학이란 생각하는 것이며, '묻고 생각하고 말하는 것'이라고 한다. 이는 내가 앞서, 그리고 전부터 주창해왔던 세 단계와 완전히 같은 정의이다.

그렇다면 왜 이 세 단계인가?

우선 철학을 통해서 사물의 본질, 즉 가장 중요한 것이나 진실을 알기 위해서는 믿음을 의심할 필요가 있다. 평소에 우리는 고정관념이나 편견, 상식 등에 사로잡혀 있다. 상식조차 반드시 옳다는 법은 없으므로 진실을 알기 위해서는 의심할 필요가 있다.

또 의심한 후에 자신의 믿음이 흔들리면, 과연 무엇이 옳은지 찾기 위해 정보를 수집해야 한다. 무너진 대상을 재구성할 필요가 있는 것이다. 그리고 정보를 최대한 많이 모아서 그것을 그룹으로 나눠 정리한다.

마지막으로 그 재구성한 것을 언어화한다. 즉, 말로 제대로 표현해보는 것이다. 철학은 말로 표현한다는 특징이 있다. 좀 더 말하자면, 사고는 언어를 통해 비로소 가능해진다. 말로 표현하지 못하는 것, 마음속에 있는 막연한 이미지는 아직 사고라고 할 수 없는 것이다.

의심하기·재구성하기·언어화하기

이 세 단계를 좀 더 구체적으로 살펴보자.

각 과정마다 두 가지씩 더 해야 하는 일이 있다. 의심할 때는 부정하며 다른 시점으로 본다. 재구성할 때는 관련된 정보를 모아서 그룹으로 나눈다. 언어화할 때는 말로 표현하여 마지막에 멋진 표현으로 만든다. 이를 정리하면 다음과 같다.

① 의심하기

· 부정한다.

· 다른 시점으로 본다.

② 재구성하기

· 관련된 정보를 모은다.

· 그룹으로 나눈다.

③ 언어화하기

· 말로 표현한다.

· 멋진 표현으로 만든다.

예를 들어 설명해보겠다. 예를 들면 '먹는다'란 어떤 것인지를 철학해보자. 일반적으로 우리는 '먹는다'란 생명을 유지하기 위해 음식을 체내에 섭취하는 것으로 알고 있다. 이것이 상식이다. 그렇지만 정말 그럴까?

여기서 '① 의심하기' 단계에서 부정하기를 해본다. 일부러 반대로 생각해보는 것이다. 생명 유지를 위해 음식을 체내에 섭취하는 것이 아니라고 말이다. 그리고 다른 시점으로 바라본다. 생명 유지가 아니라 그러한 의식이 아닐까, 음식이 멋대로 입에 들어오는 것이 아닐까, 음식이 인간과 일체화되어 있는 것은 아닐까 등.

다음으로 '② 재구성하기' 단계에서 관련 정보를 모은다. 분명 '먹는다'란 생명 유지뿐만 아니라 종교적 의식이나 소통이기도 하다. 또한 모든 생명체가 하고 있으며, 식물연쇄의 일부이기도 하다. 이러한 정보를 그룹으로 나눈다. 그러면서 먹는다는 게 생명 유지뿐만 아니라 공동체 유지를 위해서 하는 행위라는 점과, 자연 순환의 일부임을 깨닫게 된다.

마지막으로 '③ 언어화하기' 단계로 넘어간다. 말로 한번 표현해보는 것이다. 즉, '먹는다는 것은 공동체를 유지하기 위해서 인간이 자연스럽게 일체화하는 행위이다'와 같이. 그리고 나서 최종적으로 멋진 표현으로 꾸며주자. '먹는다'란 '공동체를 위한 자연과의 일체화이다.'

왜 마지막에 멋진 표현으로 꾸며줘야 하는가 하면 그래야 그것의 본질에 가까워지기 때문이다. 결코 농담이 아니다. 즉, 무언가의 본질이라는 것은 언제 어디서나, 어떤 경우에도 들어맞아야 한다. 보편적이어야 하는 것이다. 이를 위해서는 추상적인 말로 표현해둘 필요가 있다. 구체적이라면 그 구체적인 경우밖에 적용되지 않기 때문이다.

이렇게 하여 '먹는다'란 '공동체를 위한 자연과의 일체화이다'라고 본질을 파악하는 데 성공했다. 물론 다르게 생각하는 사람도 있을 것이다. 그래도 상관없다. 철학이란 자신의 사고의 성과이며, 자신이 생각한 결과일 뿐이다. 생각은 사람마다 제각각이어도 된다. 그렇기 때문에 가치가 있는 것이다. 누구에게 빌린 게 아니라 자신만의 고유의 생각이기 때문이다.

그러고 나서 다른 사람과 같은 생각을 가지고 싶으면 서로의 생각을 주고받으면서 이야기를 나누면 된다. 이렇게 해서 공통의 인식이나 규칙이 만들어진다. 하지만 처음에는 각각 자신의 생각을 제대로 가지고 있어야 한다. 그것이 생각하는 능력을 부여 받은 인간의 숙명이다.

생각 훈련

앞에서 설명했듯이 철학이란 기본적으로는 '생각' 하는 것을 말한다. 따라서 스스로 생각하는 것을 당연하게 여길 필요가 있다.

당신은 '생각하는 것'에 대해 어떤 인식을 가지고 있는가? 학생들은 대개 '힘들다', '귀찮다', '어렵다'고 말한다. 철학은 생각하는 것이라고 말하면 대다수가 이렇게 반응한다.

한때 나도 그렇게 생각했다. 젊었을 때는 특히나

그랬다. 생각하는 것은 시간만 뺏기는 데다가 피곤해서 어떻게 하면 생각하지 않을 수 있는지 잔머리를 굴리곤 했다. 나뿐만 아니라 누구나 그렇게 생각했으니까 구글과 같은 검색 엔진이 인기를 얻으면서 검색하는 행위가 자연스럽게 된 게 아닌가.

검색 엔진, 아니, 인터넷조차 없었던 시절에는 일단 생각할 수밖에 없었다. 그런데 과연 정말 생각을 했을까? 당시에는 나름대로 책에서 봤거나 TV에서 누군가가 말한 것을 주워들은 걸 가지고서 마치 자신의 생각인 양 인식한 것은 아닐까? 나 또한 그랬으니까.

그런 내 의식이 바뀐 것은 철학을 배우기 시작하고 나서부터이다. 생각하는 것을 더 이상 귀찮아하지 않고 즐길 수 있게 되었다. 마치 게임을 즐기듯이 말이다. 철학을 배우기 전까지는 생각이라는 것은 자연스럽게 할 수 있는 일인 줄 알았다. 인간이니까 당연하다고. 하지만 그렇지 않았다.

말한다는 행위에 대해 살펴보자. 우리는 말을 못하는 유아기를 거쳐 언제부터인가 자연스럽게 말을 할 수 있게 됐다. 물론 부모나 교사로부터 배웠을 것이다. 그런데 말하는 법을 집이나 학교에서 배웠음에도 불구하고 취업 면접이나 회사에서의 프레젠테이션을 하기 위해서 따로 학원을 다니며 특별훈련을 받기도 한다.

생각하는 것도 마찬가지이다. 말하는 것보다 더 자연스럽게 할 수 있을 거라 여기기 쉽지만, 그것은 큰 착각이다. 사실 생각을 하기 위해서는 매우 고도의 기술이 필요하다.

그 극치가 철학이다. 철학이란 철저하게 생각하는 것이므로 최고도의 기술이 요구된다고도 할 수 있다. 그렇지만 단계가 있다. 고도의 기술을 모두 완벽하게 익혀야 생각을 할 수 있는가 하면 또 그렇지만도 않다(고도의 기술을 익힐수록 그만큼 고도의 사고가 가능해지는 것은 분명하다).

나는 철학을 배우면서 생각하는 재미를 점점 알게 되었다. 뭐든 그렇지만, 기술을 익혀서 그것을 사용할 수 있게 되면 재미를 느끼는 법이다. 지금까지 하지 못했던 것을 할 수 있게 되는 거니까.

지금 나는 생각하기를 좋아한다. 그리고 그 능력을

충분히 발휘해서 다양한 활동을 하고 있다.

불완전함을 무기로 삼아라

지금까지 내가 줄곧 철학을 예찬해왔지만, 누군가는 '그래봤자 인간이 영위하는 것이다, 아무리 대단해도 컴퓨터와 같은 정확함이나 엄밀함은 없다, 혹은 이를테면 철학은 불완전하다. 그러므로 인공지능을 이길 수 없다'고 말할지도 모르겠다.

물론 컴퓨터인 인공지능은 불완전함을 보일 수 없다. 불완전함을 보인다란 묘한 표현이다. 보통은 불완전함은 의도적으로 하는 것이 아니기 때문이다. 그런데 만약 불완전함이 장점이 되고 무기가 된다면, 그것은 이제 의도적인 것이 된다.

그렇다. 인간의 행동은 모두 불완전함의 실천이다. 철학도 포함해서. 일부러 불완전한 짓을 하고 있다고 해도 좋을 것이다. 우리는 완전한 것이 좋다고 생각하기 쉽지만, 그것은 이중의 의미로 틀렸다.

먼저 애당초 완전한 것은 존재하지 않는다. 시험 삼아 완전한 것, 완벽한 것을 예로 들어보자. 나쓰메 소세키夏目漱石의 소설일까? 피카소Picasso의 그림일까? 아니면 마이크로소프트의 OS(기본 소프트웨어)? 아니면 그리스도교? 모두 대단한 것들이다. 많은 사람들이 높이 평가하고 있고, 각각의 분야에서 최고봉으로 여겨지고 있다.

하지만 이것들이 완벽하지 않다는 것을 곧 깨닫게 될 것이다. 오히려 불완전하다고도 할 수 있지 않을까 싶다. 비판도 받고, 안티도 있다. 그러니까 인기가 있는 것이다. 마이크로소프트의 OS도 수시로 갱신되고 있다. 보다 좋아지기 위해서다.

그리고 무엇보다 완전하다는 것은 설령 그것이 존재한다고 해도 매우 불완전할 수밖에 없다. 완전하다는 것은 여유가 없다는 것이기도 하니까. 예를 들면, 너무 순수해서 외부에서 조금이라도 바이러스가 침입하면 순식간에 당하고 마는 것과 같다. 반대로 불완전한 것은 그런 바이러스조차 집어넣어서 내성균으로 만들 수 있는 여지가 있다. 인간이 바로 그렇다.

그러니까 불완전함이 무기가 되는 것이다. 그래야 한다거나 하는 완전함은 인간의 완벽주의를 떠올리면 알듯이, 융통성이 없음을 뒤집어서 말한 것이다. 그것이 얼마나 약한지는 주변의 완벽주의자를 보면 알 것이다. 불완전하다는 것은 유연함이다. 성장 가능성이라고도 해도 좋을 것이다.

그 성장 가능성의 폭 부분을 얼마나 활용할 수 있는가가 중요하다. 이 폭은 '인간의 폭'이기도 하다. 거기에는 사고의 폭도 포함된다. 따라서 불완전해야 더 유연하게 사고할 수 있는 것이다.

다큐멘터리 프로그램의 프로듀서이자, 인공지능에 관해 취재를 해온 제임스 배럿James Barrat은 그의 저서인 『파이널 인벤션: 인공지능, 인류 최후의 발명(Our Final Invention)』에서 '페이퍼클립 맥시마이저paperclip maximizer'라는 사고 실험에 대해 언급했다. 그에 따르면, 인공지능이 만약 클립을 만드는 것이 목적이 되면 인류나 지구를 멸망시켜서라도 클립을 대량으로 만들려고 할 거라는 것이다.

인공지능에게 악의가 있는 것은 아니다. 그저 합리

적으로 목적을 달성하고자 할 뿐이다. 하지만 인간 입장에서 보면 미친 짓이다. 바꿔 말하면, 이 경우 인공지능은 그저 고집쟁이로 영락하고 있는 것이다. 융통성이 전혀 없다. 우스꽝스럽기까지 하다.

어떤가? 이제 불완전함이 얼마나 소중한지를 알았을 것이다. 시인 아이다 미쓰오相田みつを의 '서툴러도 괜찮아, 인간이니까'라는 글귀가 다시금 내 마음을 울린다.

경험치를 높여라

깊게 사고하기 위해서는 역시 토대가 되는 경험이 꼭 있어야 된다. 아이보다 어른이 더 깊이 사고할 수 있는 이유도 바로 그 때문이다. 경험론을 완성시킨 인물인 영국 철학자 존 로크John Locke(1632~1704년)는 경험의 중요성을 설명하기 위해 '타뷸라 라사tabula rasa'라는 개념을 사용했다.

타뷸라 라사란 정신의 백지상태를 말하며, 인간은

경험을 할 때마다 그 백지에 관념을 새긴다는 게 그가 주창한 바이다. 이것이 그가 말하는 '경험주의'이다. 원래 천성적으로 가지고 태어난 관념이 존재한다고 하는 '합리론'의 입장도 있지만, 경험주의가 정곡을 찌르고 있음은 당신도 경험을 해왔으니 명백할 것이다. 누구나 경험을 통해 강해지고 똑똑해지니까.

그래서 철학을 하기 위해서도, 즉 인공지능에 지지 않는 사고를 할 수 있기 위해서도 경험치를 높일 필요가 있다. 인공지능은 순식간에 온갖 데이터베이스에 접속해 온갖 정보를 모으므로 경험은 할 필요가 없다. 그렇지만 인간은 경험을 하지 않으면 정보를 얻지 못한다. 책으로 정보를 얻었다 한들 그것은 독서 경험일 뿐이다.

이래서는 인공지능을 이길 수 없어 보이지만 꼭 그렇지는 않다. 인공지능은 필요한 정보밖에 얻으려 하지 않는다. 관련 정보도 참조하겠지만, 그것은 키워드가 관계되어 있는, 매우 형식적인 관련성 안에서다.

반면 인간은 예를 들어, 산에 사슴벌레를 잡으러 갔을 때 다양한 것에도 눈을 돌린다. 산의 경치, 들에피는 꽃, 자연의 향기, 길에서 만난 농가 사람들, 가는 길에 먹은 주먹밥, 그 산길을 걸어가면서 느꼈던 피로감 등… 온갖 것들이 사슴벌레를 잡으러 갔을 때의 경험이 된다.

이것들은 인공지능이 설령 지구 뒤편에 있는 서버에 정보를 가지러 가더라도 얻을 수 있는 게 아니다. 그들은 어디에 가더라도 형식적으로 목적과 관련된 정보밖에 가지고 오지 않으니까. 여기에 인간의 경험의 특징과 강인함이 있다고 해도 좋을 것이다.

게다가 인간의 경험에는 편견이 들어간다. 감정을 가진 인간이라는 존재는 경험을 한 사실을 그대로 받아들일 수 없다. 하물며 시간이 지나면 그것은 의미마저도 바뀌어버린다.

산에 사슴벌레를 잡으러 간 경험은 사람마다 의미가 다르다. 같은 곳에 같은 시간에 가도, 그곳에 처음 간 소년과 여러 번 다녀본 사슴벌레 잡기의 명인과는 전혀 다른 경험을 하고 있는 셈이다. 왜냐하면 경험이란 주관적인 것이기 때문이다.

그것은 그들에게 어떤 감상을 했는지 물으면 바로

알 수 있다. 뭐가 좋았는지, 뭐가 별로였는지, 뭐를 얻었는지 등. 그 주관이 편견을 만드는 것이다. 이는 좋고 나쁘고의 문제가 아니다. 인공지능과의 차이이다. 그리고 시간이 지나면 같은 사람이라도 경험의 의미가 바뀌어버린다. 인간은 기억을 그대로 유지할 수 있는 생물이 아니기 때문이다.

애당초 기억은 그것을 떠올릴 때마다 머릿속에서 재생산된다. 따라서 하나의 경험은 시시각각 의미를 바꾸고 있다고 해도 좋을 것이다. 인공지능에 이런 일은 있을 수 없다. 같은 사실에 대한 정보를 일 년 전 것과 십 년 전 것으로 두 종류를 모으는 것은 가능하겠지만, 그것들을 하나로 섞지는 못한다.

이처럼 인간의 경험은 인공지능이 취득해오는 정보와는 완전히 질이 다르고, 인간은 이 경험을 데이터베이스로 하여 사고를 한다. 때로는 그것들을 마치 사실인 것처럼 믿고 창조를 하기도 한다. 그래서 인간의 사고는 독특한 것이다. 그리고 그런 데이터베이스가 되는 경험이 많으면 많을수록, 강렬하면 강렬할수록 사고의 독특함도 배가 된다. 철학하기 위해 경

험치를 높일 필요가 있는 것은 바로 이러한 이유에서
이다.

사고력으로 무장하라

결국 인공지능이 얼마만큼 진화하든, 인간은 사고
력으로 승부할 수밖에 없다. 인공지능이 똑똑하다고
해서 체력으로 승부할 수는 없지 않은가. 체력도 로
봇에 질 것이다. 감정은 지지 않을지 모르지만 감정
만으로는 과연 무엇을 할 수 있을까? 감정과 사고는
쉽게 떼어낼 수 없으므로 감정을 살린 형태에서의 사
고력을 무기로 해야 한다.

머리말에서도 언급했지만, 파스칼이 말했듯이 인
간은 생각하는 갈대이다. 그 명예는 인공지능의 등장
으로 쉽게 버려져서는 안 된다. 지금까지도, 그리고
앞으로도 계속 생각하는 갈대이면 된다.

갈대는 바람이 불면 쉽게 휘청거리는 약한 식물이
다. 인간도 그런 약한 존재이다. 사소한 일에도 쉽게

울적해진다. 무엇보다 생존해야 하는 몸이다. 자연 앞에선 무력하기까지 하다. 그렇지만 인간은 생각한다는 점에서 엄청나게 위대한 존재다. 이것이 파스칼이 하고 싶었던 말이다.

이 논리는 인공지능 시대에 시사하는 바가 크다. 왜냐하면 인공지능에 비해 인간은 연약하고, 감정을 가졌기에 민감하다. 이 점을 역으로 활용하면 된다.

한마디로 말하자면 인간은 약함을 무기로 할 수 있는 생물이라는 것이다. 약점으로 무장한다고 하면 모순되는 것 같지만 그렇지 않다. 앞에서 말한 파스칼은 '기하학적인 정신과 섬세한 정신을 두루 갖추어야 한다'라고 말했는데, 이는 합리적 사고와 감정, 이 두 가지가 있어야 비로소 깊은 사고를 할 수 있다는 뜻이다. 적어도 나는 그렇게 이해하고 있다.

그러므로 약함과 강함이 모두 있어야 비로소 사고력이 무기가 된다. 특히 인간의 일이나 인간 사회의 일을 생각할 때 약함을 모르는 사람에게서는 올바른 답을 이끌어낼 수 없다. 이는 인공지능에도 해당된다. 인공지능이 진정한 약함을 이해하지 않는 한, 인간이 요구하는 것을 인공지능이 제공해주지는 못할 것이다. 효율적인 투자법이나, 가장 좋은 건강법 등은 알려줄 수 있어도 행복하게 사는 방법에 대해선 알려줄 수 없을 테니 말이다.

창조력을 키워라

수준이 어떻든 창조 활동은 이제 인간의 것만은 아니게 되었다는 점은 이미 앞에서 언급했다. 인공지능도 창조적 활동을 할 수 있고, 인간의 경쟁자가 된다. 그래도 인간이 창조적 사유에서 우위를 점하고 있음은 틀림없다. 인간의 전인격과 상식을 살린, 또한 불완전함을 살린 창조 활동은 인공지능이 감히 따라할 수 없는 독자적인 것이기 때문이다.

그러므로 그 창조력을 극한까지 끌어올리면 보다 인공지능 시대에 대응할 수 있을 것이다. 구체적인 노하우는 뒤에서 설명하기로 하고, 우선은 기본적인 것만 살펴보겠다. 먼저 창조력을 키울 수 있는지에 대해서 얘기해보겠다.

창조력은 타고난 재능이라고 생각하는 사람이 있다. 또는 센스라고 표현하는 사람도 있다. 그렇기 때문에 창조력은 키울 수 없는 거라고 그들은 말한다.

그것은 아마 창조성을 모르고 하는 말일 것이다. 왜냐하면 창조성은 직관과는 다른 것이기 때문이다. 직관은 어느 정도 타고난 것에 좌우되겠지만, 창조성이란 조합하는 것이나 다름없다. 그러므로 이 또한 기술인 것이다.

문제는 무엇과 무엇을 어떻게 조합하는가이다. 여기서 누군가는 센스가 필요하다고 말하지 않을까 싶은데, 이것은 타고날 필요가 없는 것이다. 훈련하면 누구나 피카소가 될 수 있다. 피카소조차 수많은 훈련을 거쳐서 피카소가 된 것이다.

우선은 이 창조성에 대한 개념을 바로잡길 바란다. 그리고 나서 이 기술을 어떻게 단련할지 생각해보라.

다시 말해, 인간성을 최대한 살리라는 것이다. 조금 과장해서 말했지만, 인간성은 한마디로 자신이 가지고 있는 것, 자신의 인생 모든 것이다.

인간은 태어나서 살다가 죽는다. 그리고 태어났을 때부터 어느 정도의 잠재력을 지닌다. 그것을 인생 속에서 경험으로 키워나간다. 그렇게 자신이 할 수 있는 모든 것을 최대한으로 끌어내는 것이 창조성을 단련하는 것이다. 즉, 잠재력을 최대한 끌어내는 것이다. 예술을 예로 들면 알기 쉬울지도 모르겠다.

가끔 아이들이 굉장한 그림을 그릴 때가 있다. 그러면 사람들은 그 아이의 그림에 매료되는데, 이유는 그 그림이 기술적으로 뛰어나서가 아니다. 그 아이가 가지고 있는 것을 모두 꺼낸 흔적이 보이기 때문에 그렇다. 거친 색감과 힘찬 터치, 마음 내면을 있는 그대로 표현한 듯한, 어디서도 볼 수 없는 그림… 그렇게 잠재력이 한껏 발휘된 그림이 사람들을 감동시키는 것이다.

교토 학파를 창설한 일본의 철학자 니시다 기타로 西田幾多郎(1870~1945년)는 선善이란 그 사람이 가진 것이 전면적으로 개화한 상태라고 설명했다. 그 상태야말로 선한 것이라고 말이다. 아이들의 그림도 마찬가지이다. 잠재력이 개화했기 때문에 좋은 작품이 나온 것이다.

당신도 이제 깨달았을 것이다. 창조력을 극한까지 끌어올린다는 것은 자신의 잠재력을 극한까지 끌어내는 것이다. 이를 위한 훈련이야말로 우리에겐 꼭 필요하다. 인공지능에 지지 않으려면.

이는 철학과 관계가 깊다. 왜냐하면 프랑스의 철학자 들뢰즈Deleuze(1925~1995년)가 말했듯이, 철학이란 개념의 창조나 다름없기 때문이다. '사고를 함으로써 창조를 한다.' 바로 이것이 철학인 것이다.

인간의 최대 무기

인공지능은 철학을 할 수 있을까? 여기서 다시금 이 문제에 대해 생각해보자. 왜냐하면 철학이야말로, 인공지능이 인간 수준의 사고력을 가지는지 가늠할 수 있는 시금석이 되기 때문이다.

철학은 인간이 할 수 있는 가장 높은 경지의 사고이며, 인간을 인간답게 하는 지혜라고 할 수 있다. 그 이유를 한마디로 말하자면, 애당초 철학이란 인간이 전인격적으로 영위하는 것이기 때문이다. 이는 오랫동안 철학을 해온 내 경험을 통해서도 말할 수 있는 것이다.

철학을 해온 내 경험이란 철학을 연구했던 경험이 아니라 철학을 실천한 경험을 말한다. 그중에서도 '철학 카페'를 운영하면서의 경험이 크다. 철학 카페란 시민이 동네 집회소나 카페 등에 모여 그날의 주제를 정해서 대상이 되는 사항의 본질에 대해 다 같이 곰곰이 생각해서 언어화하는 곳이다.

그야말로 철학을 하는 곳, 즉 철학 실천의 장이다. 연구 외에 실천하는 철학을 '철학 연습'이라고 하는데(그런 이름을 한 학회도 있다), 철학 카페 외에도 초등, 중학교에서의 철학 교육이나 철학 카운슬링 등도 이에 포함된다.

나는 이러한 활동을 오랫동안 계속하고 있다. 거기서는 머리를 풀가동하는 것은 물론, 모든 경험을 총동원해야 한다. 사고의 라이브라고나 할까. 나는 진행까지 맡고 있어서 더더욱 그런데, 일반 참가자 역시 할 수 있는 모든 경험을 온몸으로 쥐어짜내며 사고한다.

그 이유는 철학이라는 사유가 그만큼의 전념을 요구하기 때문이다. 예를 들면 '먹는다란 어떤 것인가?'라는 주제로 철학 카페를 진행했을 때의 일이다. 손을 입으로 가져가거나, 입을 우물쭈물하는 사람이 있었다. 이는 말하고 싶은 것을 끌어내기 위해서 온몸으로 발버둥 치고 있다는 증거이다. '먹는다'라는 것과 관련된 동작이 자연스럽게 겉으로 나타나는 것이다.

나무나 돌처럼 가만히 있어도 뇌는 움직이지 않는다. 그것은 인간이 신체를 가진 생물이고, 두뇌와 신체가 연결되어 있기 때문일 것이다. 몸짓은 뇌의 외침이다. 반대로 몸짓이 뇌를 자극할 때도 있다.

또한 내가 의문을 던질 때마다 자리에 있던 사람이 모두 자신의 경험을 한꺼번에 끄집어내며 그것을 가지고 각자의 사고를 끼워 맞추는 모습을 볼 수 있었다. 가령 '생명을 유지하는 것과 별개로 무언가를 먹는다는 것은?'이라는 질문에 대해서는 전원이 무언가를 떠올리는 듯한 시늉을 한 뒤 다양한 경험을 이야기해주었다.

고대 그리스 시대부터 인간은 이렇게 철학을 해온 것이다. 이러한 전인격적인 사고를 '철학'이라고 불렀다. 온몸을 사용해서, 온 경험을 총동원해서.

인공지능에는 열 가지 약점(① 상식을 모른다, ② 계산밖에 할 줄 모른다, ③ 경험이 없다, ④ 의지가 없다, ⑤ 의미를 모른다, ⑥ 신체가 없다, ⑦ 본능이 없다, ⑧ 감정이 없다, ⑨ 유연성이 없다, ⑩ 애매함을 모른다)이 있음을 지적한 바 있다. 이 약점들은 모두 인간이 할 수 있는 일이다. 이를테면 인간은 인공지능의 약점을 모두 사용해서 철학하고 있는 것이다.

이러한 약점은 철학하는 데 반드시 필요한 요소라고 해도 과언이 아니다. 실제로 우리는 어떤 간단한 질문을 하나 받기만 해도 상식에 비추어보거나, 자신이라면 어떻게 할지 생각하거나, 과거의 경험과 연관시키거나, 그에 따라 희로애락을 느끼는 등 다양한 상상을 한다.

게다가 그것들을 동시에, 또한 순식간에 한다. 그것이 '계산'이라는 말의 기계의 사고와는 전혀 다른 인간의 '사고'인 것이다. 따라서 인공지능은 인간처럼 철학할 수 없다.

그렇다면 인공지능은 철학할 수 없을까?

물론 인공지능 역시 고도의 사고를 할 수는 있을 것이다. 하지만 그것을 철학이라고 부를 수는 없다. 왜냐하면 철학이란 원래 인간에게 갖춰진 능력을 최대한으로 끌어올려 사유하는 것으로 정의되고 구축되어온 것이기 때문이다. 단순한 기호의 논리 조작과는 다르다. 설령 표면상 비슷한 것을 했다 하더라도 그것은 철학이 아니다.

'중국어의 방'이라는 사고 실험이 있다. 중국어를 못하는 사람을 방에 들어가게 한 다음 중국어로 쓰인 책자 한 권을 방 안에 넣는다. 그리고 방 안에 있는 사람에게 그 책자에 적힌 질문에 따라 답을 적게 한다. 책자에는 '이 글에 대해서는 이렇게 답한다'는 것이 적혀있다. 그러므로 중국어를 이해하지 않아도 그는 기호를 맞추듯이 답을 적을 수 있다. 하지만 그가 적은 답을 바깥에서 본 사람은 마치 중국어를 할 줄 아는 사람이 방 안에 있는 것처럼 느낄 것이다.

이것이 유추(analogy)이다. 컴퓨터는 의미를 이해하지 않아도 표면적으로는 얼마든지 답할 수 있다. 하지만 그 답을 내기 위해서 컴퓨터가 사유한 것을 '철학'이라고 부를 수는 없다. 그것은 어디까지나 '철학 흉내 내기'에 지나지 않다.

인공지능은 철학을 하지 못한다. 그리고 인공지능이 못하는 철학이야말로 인간의 최대 무기가 된다. 이것이 내 결론이다.

다음 장에서는 철학을 하기 위한 구체적인 방법에 대해서 설명하겠다.

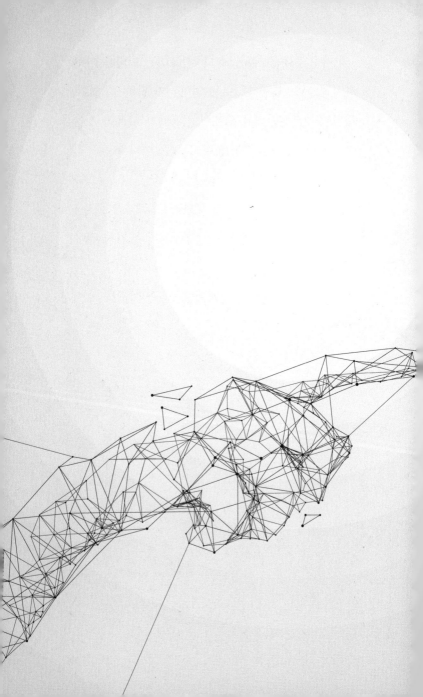

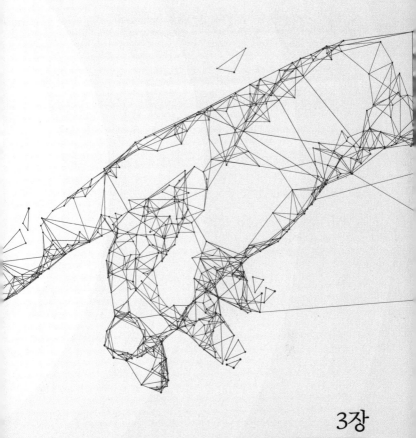

3장
———

인공지능을 이기는
최강의 공부법 12가지

지금까지와는 다른 공부법

철학 사고법을 소개하기 전에 이번 장에서는 철학적으로 사물을 생각하는 데 도움이 되는 최강의 공부법을 소개한다. 이른바 인공지능에 지지 않는 머리를 만드는 방법이다. 또한 구체적으로 어떻게 해야 하는지 트레이닝을 하는 방법에 대해서도 함께 알아볼 것이다. 모두 내가 직접 실천하고 경험한 것들이다.

키워드는 '생각한다', '도움이 되지 않는다', '좋고 싫음', 이 세 가지이다. 모두 종래에 요구되어 왔던 공부에 관한 요소와는 대비되는 것들이다.

공부라고 하면 '암기한다', '도움이 되는 것만 한다', '좋고 싫고의 문제가 아니다'라는 키워드가 머릿속에 나열되었을 것이다. 이것만으로도 벌써 공부하기 싫어지는데, 결과를 가장 중시했었으니 어쩔 수 없었을 것이다. 무작정 머리에 집어넣어서 시험 합격만 하면 되는 '패스트 스터디fast study'였으니까.

그런데 패스트푸드는 배를 채울 수 있을지 몰라도 영양가가 없다. 오히려 건강이 나빠질지도 모른다.

그래서 그런 공부는 좋지 않다. 진정한 사고력이 요구되는 인공지능 시대에는 더더욱 그렇다.

그래서 내가 추천하는 것은 페스트 스터디에 대항하는 '슬로우 스터디'이다. '슬로우'는 천천히라는 뜻뿐만 아니라 사고가 깊다는 의미도 있다. 여기서는 그 양쪽을 내포하고 있는데, 착실하게 천천히 하면서 동시에 깊이 생각하는 것을 말한다.

특히 중장년은 이제 주입식으로 서둘러 공부할 필요가 없다. 입학시험이나 승진을 앞둔 젊은 세대는 지식의 주입도 필요할지 모르지만, 그런 짓을 해도 인공지능에는 대항할 수 없다.

오히려 반대로 가야 한다. 이 '속도 경쟁의 시대에 굳이 천천히 가면서, 깊이 생각할 수도 있거니와 도움이 되지 않아도 배우고, 좋아하는 것만을 하는' 이 방법은 편할 뿐만 아니라 재미도 있다. 그 점이 포인트이다. 일하느라 바쁜 와중에 공부를 하는 것이니 재미있지 않으면 오래가지 못한다.

그럼 그 방법을 구체적으로 살펴보자.

① 과제 해결 공부법

앞에서 설명했듯이, 지금까지 학교 교육의 가장 큰 문제는 암기 중심의 주입식 교육을 해온 것이다. 이렇게 해서는 미지의 21세기를 살아남을 수 없다는 것을 깨닫고 교육계가 드디어 탈바꿈하기 시작했다.

일본에서는 대학입시가 2020년부터는 '센터시험 (한국의 수능시험, 역주)'이 '대학입학공통시험'으로 바뀐다. 구체적으로는 사고력, 판단력, 표현력을 중시하는 문제가 출제된다. 그야말로 '잘 가라, 암기력, 어서 와, 사고력'이다.

이는 단순히 입시제도의 개혁으로만 볼 게 아니라 더 큰 흐름으로 봐야 한다. 우리 어른들도 사고력이 요구되는 시대가 된 것이다.

그렇다면 사고력을 향상시키기 위해서는 어떻게 해야 할까?

바로 과제를 해결하면 된다. 과제 해결이 곧 사고력 향상의 공부법이 되는 것이다. 바쁜 직장인에게는 반가운 소식이지 않은가? 업무는 그야말로 과제 해결의 연속이고, 그것이 공부가 되는 거니까.

나는 현재 과제 해결을 대학 수업에서 가르치고 있다. 과제 해결은 엄연한 공부법으로, 이제는 적지 않은 대학교가 PBL을 도입하고 있다. PBL이란 '과제 해결형 학습'을 의미하는 Project Based Learning(또는 Problem Based Learning)의 약자이다. 즉, 프로젝트를 기반으로 과제를 해결해 나가는 교육을 말한다.

참고로 초등 중학교에서도 수업에 과제 해결력 평가를 도입하고 있다. 간혹 초등학교의 '액티브 러닝(체험 학습이나 강론 등 능동적인 배움)'이 먼저라는 사람도 있지만 그것과 과제 해결은 조금 다르다.

모든 업무가 그렇듯, 과제가 있으면 그것을 일정 기간 내에 관련된 조직과 사람과 연계하면서 해결해 나간다. 이 과제 해결의 과정을 통해서 학생들이 사고력을 키울 수 있다고 생각한다.

목적이 분명하므로 그것에 도달하기 위해 온 신경과 능력을 집중시켜 답을 이끌어낸다. 때로는 데이터를 분석할 때도 있지만, 기본적으로는 사물을 논리적으로 생각하는 것이 요구된다. 그리고 무엇보다 창조성을 발휘해서 아이디어를 내야한다. 이것이 '과제 해결 공부법'이다.

이 공부법의 트레이닝에서는 어떤 과제도 사고력을 단련하는 공부라고 생각하고 임해야 한다. 과제 해결은 당신이 실제로 하고 있는 업무 과정 그 자체이다. 그러므로 일상의 업무가 트레이닝이 된다. 그저 의식을 바꾸기만 하면 된다. 그러면 일과 공부를 동시에 할 수 있다. 업무 성과도 오르고, 또한 사고력도 단련할 수 있다.

근육과 마찬가지로, 그 부위를 단련하고 있다는 사실을 의식하지 않으면 효과가 없다. 머리도 그렇다. 막연하게 업무에 임하기만 하면 그건 시간 낭비다. 기왕이면 머리를 단련한다고 생각하고 업무에 임하는 것이 좋다. 그렇게 하면 실제로 많은 깨달음이 있을 것이다.

② 놀이도 지식도 교양도 아닌 독서법

공부의 기본이라고 하면 역시 독서이다. 인간은 지식이나 경험을 글자로 남기고, 그것을 이어나감으로써 진화해왔다. 지구의 역사에서 보면 인간이 엄청나게 짧은 기간 안에 진화할 수 있었던 것도 책 덕분이라고 할 수 있다.

어느 시대에서든, 테크놀로지가 얼마나 진화하든 간에 우리가 하는 일은 늘 같다. 전자책 역시 책을 읽는다는 행위에는 변함없는 것처럼. 아마 이것은 평생 변치 않을 것이다.

독서의 장점은 누구든지 초등학생 정도의 지식만 있어도 저자인 일류 학자와 강론할 수 있는 수준이 될 수 있다는 점이다. 가끔 영재 초등학생이 뉴스에 나오곤 하는데, 그 수준의 지식을 가지고 있는 아이들이 적지는 않은 듯하다. 실제로 내 주위에도 있으니.

문제는 그 지식을 아웃풋할 줄 모른다는 것이다. 이는 어른에게도 말할 수 있는 것이지만, 책을 읽는 사람들 대부분이 독서를 오락으로써 즐기거나, 지식을 얻기 위해서나 교양을 익히기 위함을 목적으로 하고 있다. 이것은 모두 인풋을 위한 독서일 뿐이며, 아웃픗은 그다지 고려되지 않고 있다.

그러면 모처럼 읽은 내용도 밖으로 내보일 수 없다. 지식도 교양도 몸속에 흡수되어 보이지 않게 되는 것이다. 흡수라고 하면 좋게 들리겠지만, 그것은 사라져버린다는 말이기도 하다.

확실히 어떤 사람과 말하면서 문득 '이 사람은 지식이 풍부하구나', '교양인이구나'라고 느낄 때가 있다. 그런데 그것만으로는 좀 아쉽다. 인공지능에 지지 않는 사고를 하기 위해서는 늘 지식이나 교양을 의식적으로 끄집어낼 수 있는 상태가 되어야 한다. '전에 읽은 적이 있다'라고만 말해봐야 그건 안 읽은 것이나 다름없다.

사고는 독서를 포함한 경험이 기반이 되어 있는 경우가 대부분이다. 그렇다면 쓸 수 있는 지식이 얼마나 있느냐가 사고의 폭에 영향을 미친다. 이런 사람을 '서랍이 많다'라고 말하기도 하는데, 그야말로 바로 꺼낼 수 있는 무기가 준비되어 있는 것이 이상적이다. 이를 위해서는 새로운 독서법이 필요하다. 단순히 즐기거나, 지식이나 교양을 쌓기 위해서가 아니라.

이것이 '오락도 지식도 교양도 아닌 독서법'이다. '활용하기 위한 독서'라고 해도 좋을 것이다. 무엇에 쓰이는가 하면 물론 사고이다.

구체적으로, 한번 책을 도구 상자라고 생각해보라. 책이란 사고를 위한 아이디어가 가득 담긴 도구 상자라고 생각하면 된다. 그러면 읽는 방법이 달라질 것이다.

우선 첫 페이지부터 순서대로 읽지 않는다. 가령 당신이 필요한 도구가 저 멀리 있는데 지금 위치에서 처음부터 찾느라 애쓰진 않을 것이다. 원하는 도구가 나올 때까지는 주위를 대충 흘겨본다. 책도 마찬가지이다. 물론 책마다 쓸 만한 정보가 무엇이 있는지를 하나하나 따져보는 것도 좋다. 단, 그 경우에도 도구를 찾는다는 걸 잊지 말아야 한다.

다음으로 본격적으로 책에 작업을 한다. 좋다고 느낀 부분에 줄을 긋는다. 또 왜 좋다고 생각했는지, 이를 어떻게 활용할 수 있을지 간단하게 메모한다. 한두 줄이면 충분하다. 마지막으로 그 페이지를 접는다. 공책을 만들어도 되지만, 그 최종 목적지는 머리이므로 데이터베이스를 만드는 것을 목적으로 하면 안 된다.

이렇게만 해두면 바쁠 때에도 쉽게 복습할 수 있다. 아무리 인풋해도 사람은 잊어버리는 동물이다. 잊어버렸다 싶으면 접은 페이지 부분만 다시 봄으로써 기억을 되새길 수 있다. 메모한 부분만 다시 살펴봐도 좋다. 이것을 몇 번만 하면 그 부분이 오랫동안 기억에 남을 것이다.

이 작업을 꾸준히 반복하다 보면 점점 요령을 터득하게 되어 나중에 비슷한 사고법을 발견했을 때 자신이 이미 그것을 습득했다는 사실을 알게 될 것이다

③ '도움이 되지 않는 것' 습득법

'놀이도 지식도 교양도 아닌 독서법'에서는 실천적으로 활용할 수 있는 사고법을 찾는 것을 목적으로 했다. 이와 동시에 두뇌의 '기초 체력'을 단련하는 것도 중요하다. 이는 스포츠랑 완전히 똑같다. 훌륭한

선수는 자신에게 요구되는 기술 외에도 강인한 기초 체력을 가지고 있는 법이다.

마찬가지로 사고법을 지니려면 이러한 기초 체력이 필요하다. 여기서는 오히려 '도움이 되지 않는 지식'이 필요하다. 이를 '교양'이라고도 할 수 있을 것이다. 경험을 포함해서 바로 사용하기 위한 지식이 아닌 것은 모두 그렇다.

살다 보면 어떤 지식이나 경험이 상황에 따라 도움이 된다. 마찬가지로 의외의 장소에서는 의외의 지식이나 경험이 도움이 되는 법이다. 그런 의미에서 인생에 헛됨은 없다는 말은 사실이다.

『마스터 키튼MASTERキートン』(우라사와 나오키浦沢直樹 저)이라는 만화를 아는가? 주인공은 보험사의 조사원이자 고고학자이고, 과거에 군대 교관을 임한 경력도 있다. 주인공은 보험금과 관련된 조사, 즉 사건을 해결해 나가는데, 한때 고고학자나 군인이었을 때 습득한 지식을 적극적으로 써먹는다.

주인공은 고고학을 공부했을 때나 군대에서 일했을 때 얻은 지식과 경험을 나중에 활용하게 되리라고는 추호도 생각하지 못했을 것이다. 그렇지만 결국엔 그 경험들이 크게 도움이 되었다. 그것도 의외의 형태로 일과 연관되어서 말이다

흥미롭게도 리버럴 아츠liberal arts, 즉 교양은 도움이 되지 않기 때문에 보편적인 지식으로서 도움이 된다는 역설이 설립된다. 왜냐하면 도움이 되는 것만을 지식으로 인식한 지식은 머릿속에 그다지 오래 남지 않기 때문이다. 특히 IT 세계에서 지식은 일 년은 고사하고 월 단위로 쪼갤 만큼 유효기간이 짧다.

그 정도까지는 아니더라도 대개의 비즈니스에서 요구되는 지식이나 기술은 금방 잊힌다. 그래서 그것만으로는 아무래도 사람이 얄팍해질 수밖에 없다.

그와 반대편에 있는 것이 바로 철학이다. '철학은 도움이 되지 않는다'라고 야유를 받는 일이 많기 때문이다. 물론 실제로 도움이 안 되는 것은 어느 정도 맞다. 하지만 길게 보면 다르다. 철학은 사고의 기초와도 같은 것이기 때문이다. 기초 체력과 같이 서서히 효력을 발휘한다. 그래서 평생 간다고 할 수 있다.

인생의 경험이 그렇듯, 바로 도움이 되지 않더라도

언젠가는 반드시 도움이 되는 것이 '도움이 되지 않는 것'이다. 그러면 도움이 되지 않는 것이 아니라고 하겠지만, 정말로 도움이 되지 않는 것이란 없으므로 달리 이렇게 표현할 수밖에 없다.

그렇다면 '도움이 되지 않는 것을 습득하는 방법'은 어떻게 훈련해야 하는가? 그것은 모든 일에 관심을 가지고, 모든 일을 눈여겨보고, 모든 일을 기억하는 습관을 들이는 것이다.

모든 일에 관심을 가진다는 것은 호기심이 왕성한 아이처럼 되는 것을 말한다. 보고 들은 모든 것에 관심을 가지면 된다. 물론 이를 위해서는 동기가 있어야 한다. 하지만 아이들의 호기심이 '알고 싶다'라는 욕망에 뿌리를 내리고 있는 것과 마찬가지로, 인공지능을 이기기 위한 공부법으로써 '도움이 되지 않는 것을 알고 싶다'라는 욕망만 있으면 충분하다.

모든 일을 눈여겨본다는 것은 닥치는 대로 정보를 입수하는 것을 말한다. 예를 들어 신문이라면 평소에는 읽지 않을 법한 기사를 보거나, 과자를 먹기 전에 포장지 뒷면의 설명을 읽거나, 지하철에서 사람들을 관찰하는 것 등등이다.

모든 일을 기억한다는 것은 마치 블랙박스처럼 보고 들은 것을 머릿속에 남기는 것이다. 실제로는 불가능할지 모르지만 의식을 어떻게 하느냐에 따라 기억의 양이 달라진다.

그런 짓을 할 바에야 비즈니스 서적을 읽는 게 훨씬 도움이 된다고 생각할지 모르겠지만, 앞에서 설명했듯이 그 '도움이 된다'의 의미가 문제이다. 도움이 되지 않는 것이 도움이 될 때가 있다. 그렇게 생각하고 실천해보길 바란다.

④ 질문 천 번 노크

사고력을 익히기 위해서는 본질을 찾는 '질문력'이 요구된다. 이를 위한 공부법이 '질문 천 번 노크'(야구에서 천 번 공을 치는 연습을 말한다. 역주)이다. 여기서 말하는 '질문력'이란 좋은 질문을 하는 능력을 말한다. 이 질문력을 갈고닦으면 사고, 특히 철학과 같이 사물의 본질을 탐구하는 사고에 도움이 된다. 왜냐하면 사물의 본질을 찾기 위해서는 대상이 되는 사물을 다면적으로 볼 필요가 있기 때문이다.

질문은 철학에서 가장 중요한 요소이다. 의문을 가지고 의심하는 것이 철학의 시작인 만큼 질문을 해야 한다. 지나가는 청년들을 붙잡고 질문을 던진 소크라테스가 '철학의 아버지'라고 불리게 된 것도 이 때문이다.

사물의 본질을 알고 싶다고 해도 그저 멍하니 보고만 있어서는 아무것도 볼 수 없다. 그래서 질문을 하는 것이다.

예를 들면 '테크놀로지는 편리하다'라는 일반론이 있다고 하자. 이 테크놀로지라는 방법론의 본질을 알기 위해서는 '테크놀로지란 무엇인가?', '정말로 테크놀로지는 편리한가?'와 같이 물을 필요가 있다.

이것만으로는 아직 부족하다. 더 이상한 질문을 많이 퍼부을 필요가 있다. 왜 이상한 질문인가 하면 그것은 의외의 시점에서 바라볼 수 있게 하기 때문이다. 즉, 이상한 질문은 곧 좋은 질문이 된다. 사물을 다양한 시점에서 검증하는 것이니까.

앞의 예라면 '테크놀로지는 먹을 수 있는가?', '테크놀로지가 편리하다는 것은 반려동물이 된다는 것인가?'와 같이 물어보는 것이다. 멍청한 질문 같지만, 실제로 나는 아무것도 깊이 생각하지 않고 그저 이상한 질문을 했을 뿐이다.

그런데 잘 생각해보면, 먹을 수 있을지 말지는 인간에게 있어서 중요한 문제이다. 유용성의 판단 기준 중 하나라고 해도 좋다. 반려동물이 될지 어떨지도 마찬가지이다. 반려동물의 역할을 테크놀로지가 해낼 수 있을지 말지는 미래의 인간의 생활을 생각하는 데 중요한 연구 거리가 될 수 있다. 물론 이미 연구는 시작되었지만 말이다.

이렇게 먼저 이상한 질문을 던져놓고 생각은 나중에 하는 것이 좋다. 미리 답을 예측해버리면 답이 예정된 질문으로 끝날 수 있다. 어떤 질문이라도 좋으니 계속 던진다. 그래서 천 번 노크이다. 그렇게 함으로써 비로소 대상의 참 모습이 드러난다.

이 트레이닝은 처음에는 누군가와 같이 하는 것이

좋다. 누구나 자신에게 질문하는 것은 어색하기 때문이다. 누군가에게 아무 말이나 뱉도록 한 다음 그에 대해 이상한 질문을 던진다. 이때 상대방은 굳이 대답하지 않아도 된다. 그리고 자신의 질문을 메모해두면 자신의 질문 패턴이 어떤지를 알 수 있다.

이런 질문 던지기가 익숙해지면 스스로 주제를 정한 다음 질문을 반복해서 던져본다. 최종적으로는 실천을 하면서 트레이닝하는 것이 가장 좋다. 즉, 실제로 사람들에게 이상한 질문을 던지는 것이다. 이 경우에는 질문을 조금 다듬을 필요가 있는데, 분명 평범한 질문을 던질 때보다 좋은 반응이 있을 것이다. 그리고 자신이 던지는 이상한 질문이 객관적으로 봐도 좋은 질문이 되어 있다면 그것은 당신이 성장했다는 증거가 될 것이다.

⑤ 회답 천 번 노크

질문력과 짝을 이루는 것이 '회답력'이다. 이는 이

상한 질문을 받고 나서 그에 답하는 것이 아니다. 사물의 본질을 직감으로 알아맞히는 훈련이다. 나는 이것을 '회답 천 번 노크'라고 부른다.

사물의 본질을 알아맞힐 수 있으면 그것은 사고력이 있다는 증거이다. 철학은 바로 그것을 목적으로 한 사유이다. 철학자들은 본질에 다다르기 위해 오랜 시간을 들인다. 곰곰이 생각해야 겨우 본질에 다다를 수 있는 것이다.

이를 위해서는 뇌에 회로를 만들어놓을 필요가 있다. 그 회로는 평상시의 훈련으로 만들어진다. 물론 정공법은 오래오래 철학하는 것이다. 곰곰이 생각하는 것을 반복하다 보면 자연히 회로가 만들어지니까.

그렇다고 바쁜 일상을 보내는 가운데 철학만 하고 살 수는 없다. 그래서 직감으로 맞추는 회답 훈련을 하는 것이다. 누군가에게 질문 하나를 던져달라고 하고 당신은 질문받는 즉시 대답한다. 그런 식으로 여러 번 반복한다.

예를 들면, 누군가가 '햄버그스테이크'라고 말하면 당신은 바로 직관적으로 '고기의 비극'이라고 대답한다. 그러면 이때 당신 머릿속에서 굉장히 빠른 속도로 사고가 이루어질 것이다. 고기가 다져지고 빚어지는 모습이 보기에 따라서는 비극이기 때문이다. 물론 먹는 자의 입장에서는 기쁜 일이지만. 이를 곰곰이 생각해보면… 뭐, 아무렴 어떤가? 여기서 중요한 것은 직관적으로 대답하는 자세이다.

이를 반복하다 보면 본질을 찾기 위한 회로가 완성된다. 야구의 천 번 노크도 가만 보면, 실제로 시합에서 그런 요상한 코스에서 공이 날아오는 경우는 거의 없을 것이다. 그렇지만 트레이닝할 때는 그만큼 극단적으로 해둘 필요가 있다. 그래야 시합 중에 갑자기 공이 날아와도 대응할 수 있는 것이다.

따라서 트레이닝을 하려면 틈나는 대로 눈에 들어온 것을 타깃으로 해야 한다. 즉, 직관적으로 본질을 맞히는 것이다. 의외로 하면 할수록 뇌에 새로운 회로가 생겨난다.

단어이어도 좋고 문장이어도 좋지만, 처음에는 단어가 하기 편할 것이다. 이것을 사람을 상대로 하면 작은 게임이 될 수 있고 재미도 생길 것이다.

⑥ 이야기 창작 공부법

말에는 그 사람의 혼이 담겨 있다고 한다. 우리는 어떤 이야기를 만들 때 마치 영혼에 들려주듯이 말을 지어낸다. 그렇게 해서 상대방의 마음을 울리는 것이다.

인간은 이야기를 만듦으로써 역사상 다양한 것들을 표현해왔다. 신화도 그중 하나이다. 신들의 이야기를 만드는 이유는 우리가 사는 이 세계를 설명하기 위함이다. 또 사소설이라는 분야가 있는데, 이것은 작자가 직접 경험한 것을 기술하는 것이다. 이것 역시 자신의 인생을 정리하고 설명한다는 동기가 있을 거라 생각한다.

신의 이야기든 자신의 이야기든, 인간은 때로 뭔가를 정합적으로 설명할 때 픽션을 가미해서 이야기를 한다. 왜 픽션을 가미할까?

그것은 이 세상의 모든 일을 논리적으로 설명할 수는 없기 때문이다. 그러므로 자신이 납득이 가도록 이야기를 만드는 것이다. 인공지능은 그런 변통을 용납하지 않을 것이다. 하지만 인간은 이런 변통을 아주 쉽게 해버린다. 고로 이것을 공부법으로 활용하자는 것이다. 즉, 픽션을 섞으면서 이야기를 만들듯이 지식을 연결해 생각하자는 것이다.

이것이 이야기를 만들면서 지식을 외우거나 생각하는 '이야기 창작 공부법'이다. 이미 완성된 스토리를 자유롭게 말하는 것을 내러티브라고 한다. '이야기 창작 공부법'이란 그야말로 내러티브의 실천이다.

현재 마케팅에서는 물건을 단지 성능이나 가격으로 파는 것이 아니라 물건이 가지고 있는 가치를 스토리로 파는 '스토리 브랜딩'이 제창되고 있는데, 이는 인간이 이야기에 감정이 흔들린다는 것을 잘 보여주고 있다.

'이야기 창작 공부법'을 익히기 위해서는 실제로 이야기를 만들어봐야 한다. 하지만 평소에 창작을 해본 적이 없고 창작이 어렵다고 느껴진다면 이를 위한 준비 작업, 예를 들면 설정을 세세하게 생각하는 것부터 시작해보라. 주인공이나 시대 배경 등을 구체적으로 생각해보는 것이다.

가장 쉬운 방법이 자신의 인생을 이야기로 만드는

것이다. 자신의 인생이라면 따로 취재할 것도 없이 다 아는 얘기니까 이야기로 만들기 쉬울 것이다.

다음으로 쉬운 것이 주변에 있는 것 하나를 주인공으로 삼아서 그것이 어떤 삶을 살고 있는지를 기술하는 것이다. 예를 들면 지금 내가 먹으려고 하는 이 바나나는 남국 섬의 해안가에서 우연히 한 어부에게 발견되어 배를 타고 먼 길을 향해해 지금 내 앞에 온 것이다와 같은….

명탐정 셜록 홈스는 바다에 떨어진 장갑에서 그 주인의 인생을 말할 수 있었다고 한다. 그렇다. 창작에는 상상력이 꼭 필요하다. 그러니까 이미지를 부풀리는 훈련이 필요한 것이다.

마지막으로 소설을 써본다. 단편이라도 좋다. 캐릭터 설정부터 시작해서 이야기를 완결시켜본다. 그렇게 하나 완성하고 나면 그 이후부터는 뭐든 이야기의 틀에 맞춰서 위치를 설정하거나 생각할 수 있을 것이다.

⑦ 멀티 공부법

'멀티 공부법'이란 말 그대로 무언가를 하면서 공부하는 것을 말한다. 당신은 중고등학생 때 텔레비전을 보거나 라디오나 음악을 들으면서 시험공부를 한 적은 없는가? 공부보단 텔레비전이나 라디오에 정신이 팔렸던 탓에 그다지 좋은 기억은 없을지도 모른다. 그런데 어른의 경우 이런 공부법이 오히려 바람직해진다.

왜냐하면 어른은 바쁘기 때문이다. 그렇지 않아도 할 일이 많다. 그런 와중에 공부를 하는 것이니 동시진행을 할 수밖에 없다.

업무에도 '멀티태스크'라는 말이 있다. 여러 작업을 동시에 처리하는 것을 말한다. 많은 직장인이 멀티태스킹을 일상적으로 하고 있으므로 멀티 공부법이 그리 힘든 일은 아닐 것이다.

예를 들면 책을 읽으면서 생각하거나, 책을 읽으면서 글을 쓰거나, 계산하면서 자료를 정리하거나, 영어 강연을 들으면서 영어도 배우는 등등 얼마든지 조합이 이뤄질 수 있다.

여기서 중요한 것은 그저 심적 안정을 위해 음악을 들으면서 공부하는 것과는 다르다는 점이다. 시간을 절약하고 상승효과를 내기 위해 동시에 공부를 한다는 것이다. 따라서 그 '동시'가 상승효과를 가져다 줄지를 잘 생각할 필요가 있다. 여러 일을 동시에 하는데 이도 저도 아니게 된다면 무의미해진다.

앞의 예에서도 알 수 있듯이, 대부분의 '동시'는 엄밀하게는 동시가 아니다. 번갈아 하는 것이다. 즉, 책을 읽으면서 생각한다고 할 때 독서와 생각을 따로따로 하면 방금 읽은 부분을 잊어버리게 되어 효율이 떨어지게 된다. 그러므로 어느 정도 읽었으면 사고를 펼치는 식으로 이를 반복해야 하는 것이다

그 외에 일과 공부를 겸하거나, 취미와 실용을 겸하는 '멀티'도 좋다. 예를 들면 업무에 필요한 것을 더 자세히 알기 위해서 배경지식을 공부하는 것… 이거라면 업무 중에 해도 문제없다.

취미도 마찬가지이다. 취미로 하고 있는 것에서 조금 범위를 넓히기만 하면 그것이 공부가 될 수 있다.

바둑이나 장기에서 전략론으로 범위를 넓히거나, 낚시에서 해양학이나 환경 문제로 범위를 넓히듯이 말이다.

멀티 공부법을 익히기 위해서는 먼저 쉬운 것들부터 조합해야 한다. 앞에서 말한 것처럼 책을 읽으면서 생각하기나 영어 강연을 들으면서 영어 학습하기 등… 이렇게 '쇼토쿠 태자聖德太子의 뇌'를 만드는 것이다. 익숙해지면 유튜브로 강연을 들으면서 책을 읽는 멀티플레이도 가능해진다.

⑧ 소셜 캐피털 공부법

소셜 캐피털social capital은 번역하면 '사회적 자본'이다. 이를 내 방식대로 쉽게 설명하자면 사람이 사회생활을 하면서 쌓는 인맥과 같은 것이다. 예를 들면 돈이 없어서 아이를 어린이집에 맡길 수 없어서 주변 지인이 대신 돌봐주는 것과 같이, 돈과는 다른 자본이다.

이것이 공부법과 관계가 있는 이유는 인맥을 활용하면 효율적으로 공부를 할 수 있기 때문이다. 참고로 내 학창시절에는 얼마나 인맥이 있는가에 따라 시험 전에 모아진 공책의 양과 질이 정해졌다. 마찬가지로 수업에 나오지 않았던 학생이라도 인맥이 있고 없고에 따라 성적에 큰 차이가 나왔다. 이와 비슷한 발상이다.

공부를 하다 보면 번거로운 일을 같이 해야 할 때가 있다. 그 부분을 소셜 캐피털로 해소하자는 것이다. 예를 들면 학습 내용이 어려우면 그룹을 짜서 공부해보는 것이다. 그리고 다 같이 분담해서 조사를 실시한다. 학습하는 분야를 잘 아는 사람을 불러도 좋을 것이다.

원래 소셜 캐피털은 지역사회와 같이 커뮤니티가 쇠퇴하면서 나온 것이다. 그렇다면 공부를 하면 새로운 유대를 맺으면서 커뮤니티를 활성화하는 효과도 기대할 수 있다. 회사 밖에서 사람을 사귀는 데에도 도움이 된다.

같은 목적을 가진 사람들끼리 만나같은 목적을 가

진 사람들끼리 만나서 공부를 하는 것만으로도 즐겁고, 서로에게 좋은 자극이 될 수 있다. 인공지능은 이렇게 즐길 줄 모른다. 사람이 누군가와 관계를 맺으면서 얻게되는 인간만의 특권이다.

'소셜 캐피털 공부법'을 하기 위해서는 평소부터 사람들을 도우며 함께 사는 습관을 만들어놔야 한다. 남에게 부탁하는 것을 어려워하는 사람이 있는데 이것도 소통 능력 중 하나이다. 소통 능력을 높이면 소셜 캐피털은 강화된다.

그리고 커뮤니케이션 능력을 높이기 위해서는 먼저 적극적으로 말을 걸거나 질문을 해야 한다. 스터디 친구를 사귄다고 생각하고 적극적으로 나서보자.

⑨ 돈의 힘을 빌린 공부법

'돈의 힘을 빌린다'라는 표현에서부터 당신은 썩 좋은 인상을 받지 못할 것이다. '소셜 캐피털 공부법'보다 더 추잡하게 느껴질지도 모르겠다. 하지만 장점은 뭐든 활용해야 한다.

개인차는 있겠지만, 대개 직장인은 학생보다 금전적인 여유가 있다. 그래서 돈의 힘을 빌린 방법을 취하는 것이다. 예를 들면 직장인의 경우 학생이라면 구매하기를 주저할만한 비싼 책을 살 수도 있고 인터넷 교육을 큰 부담 없이 들을 수도 있다. 물론 돈이 좀 들겠지만 그건 자신에 대한 투자이다.

흔히 도서관에서 신간도서를 예약해서 보는 사람이 있는데 그건 좀 아깝단 생각이 든다. 돈이 아니라 시간이 말이다. 비즈니스 분야의 화제작이라면 열댓 명이 대기 중인 경우가 많은데, 자기 차례가 될 때쯤에는 책에 적힌 사례는 이미 상식이 되어 버린다. 그럴 바에는 차라리 그 책을 구입해서 지식을 내 것으로 만드는 것이 낫다. 그렇다. 돈으로 시간을 사는 것이다.

도서관에 일일이 반납하는 수고도 덜 수 있고, 자기 책이므로 '오락도 지식도 교양도 아닌 독서법'에서도 말했듯이 책에 실컷 메모하면 된다.

세상에는 돈만 내면 얻을 수 있는 서비스가 꽤 있

다. 어학의 경우 개인 레슨을 받을 수 있지만, 학원을 다니기가 어렵다면 스카이프Skype 같은 인터넷 전화 네트워크 서비스를 통해서 배울 수 있다. 이는 독학보다 효율적이고, 무엇보다 재미있다. 태블릿 같은 도구도 그렇다. 편리한 것은 구매해서 공부로 활용하면 된다.

공부하는 환경도 마찬가지다. 좋은 카페에 가면 커피값은 비싸질지 모르지만 의욕이 생긴다. 여기저기를 다니면 돈이 들겠지만, 무엇보다 중요한 것은 의욕을 유지하는 것이므로 얼마든지 자리를 옮길 수 있다.

바쁜 직장인은 평상시의 업무로 지쳐 있고 집중력도 떨어지기 십상이다. 그래서 의욕을 유지하는 게 매우 중요하다. 자릿값이 아니라 의욕값이라고 생각하고 돈을 쓰자. 때로는 호텔에서 공부해보는 것도 좋다. 온천이라도 있으면 기분은 이미 유명 작가가 된 느낌이 들 것이다. 가끔은 기분 전환으로 '돈의 힘을 빌린 공부법'을 실천해보기 바란다. 효과는 만점이다.

⑩ 좋아하는 것만 골라 하고,
질리면 그만하는 공부법

이제 드디어 궁극의 공부법에 대해 이야기해보려고 한다. 말하자면 최강의 공부법이다. 그럼 시작해보자.

이상적인 공부법은 공부를 즐기는 것이라고 생각하는 것이다. '잘 하고 싶거든 먼저 좋아하라'라는 말이 있다. 이 말대로, 공부뿐 아니라 자신이 좋아하는 일이라면 얼마든지 할 수 있다. 그렇게 하다 보면 당연히 숙달된다. 아무리 능력 있는 사람이 어떤 일을 열심히 배워도, 그 일을 진심으로 좋아하는 사람을 이길 수는 없다.

그렇지만 공부한다는 것 자체를 좋아하기란 쉽지 않다. 알고 싶어서 공부하는 경우는 있어도, 공부의 과정을 즐기는 사람은 들어본 적이 없는 것 같다. 칼이 좋다거나 생선이 좋다, 혹은 역사가 좋다는 등 구체적인 대상을 꼭 염두에 둔다.

그렇다면 좋아하는 것만 공부한다고 해서 실제로

공부하는 것 자체를 좋아하게 되는 효과를 얻을 수 있을까? 그렇다. 그러니 공부하고 싶다고 느낀 것만 공부하면 된다. 물론 아무리 좋다고 해도 그날의 기분에 따라 다른 것을 하고 싶을 때가 있다. 그럴 때는 억지로 할 필요가 없다. 내키는 것만 하면 된다.

이렇게 하면 공부를 계속 꾸준히 할 수 있다. 명확한 목적이 있으면, 자격증 시험공부 같은 게 아닌 이상, 무엇을 해도 길게 보면 플러스가 되어 있을 것이다. 자격증 시험공부조차 범위는 넓을 테니까 하루 할당량을 미리 엄밀하게 정하지 않아도 내키는 부분만 하면 된다.

가장 중요한 것은 언제까지나 계속할 수 있어야 한다는 것이다. 이를 위해서는 즐길 줄 알아야 한다. 지겨워지면 그만둬야 한다. 이는 아이가 결국에 공부를 싫어하게 되는 것과 같은 논리이다. 우리도 어린 시절에 그러지 않았는가? 어른이 되어서까지 투덜투덜하며 싫증을 느끼면 안 될 것이다.가장 중요한 것은 언제까지나 계속 할 수 있어야 한다는 것이다. 이를 위해서는 즐길 줄 알아야 한다. 지겨워지면 그만둬야 한다. 이는 아이가 결국에 공부를 싫어하게 되는 것과 같은 논리이다. 우리도 어린 시절에 그러지 않았는가? 어른이 되어서까지 투덜투덜하며 실증을 느끼면 안 될 것이다.

그러므로 질리면 그만해야 한다. 아직 시작한 지 십 분밖에 지나지 않았다고 공부를 억지로 해서는 안 된다. 인간의 기분이란 성가신 것이다. 기계처럼 형식적으로 관리할 수 있는 것이 아니다. 그 점을 대전제로 알아둘 필요가 있다.

좋아하는 것만 공부하고 질리면 그만한다. 그리고 그때 하고 싶은 것을 한다. 이것을 반복하는 것이 결과적으로 장시간의 공부를 가능케 하고, 인생에 큰 플러스가 된다. 이것이 바로 '좋아하는 것만 골라 하고, 질리면 그만하는 공부법'이다.

트레이닝 방법은 굳이 말 안 해도 알 것이다. 마음이 가는 대로 다양한 것을 배우기 바란다. 그리고 질리면 바꾸면 된다. 이것을 반복하고 계속해서 도전하라.

지치면 휴식하라. 그러면 자신의 리듬을 알게 될 것이다. 그런 다음 그 리듬에 맞춰서 무리하지 않고 마음이 가는 대로 하면 된다. 이렇게 생각하니 왠지 공부가 재미있게 느껴지지 않는가?

⑪ 포상 공부법

'포상 공부법'이란 말 그대로 포상을 인센티브(동기부여가 되는 자극)로 해서 공부하는 것이다. 이는 공부법보다는 동기부여에 가깝다고 할 수 있겠다. 앞서 최강이라고 말해버렸기 때문에 여기서부터는 보너스 트랙이라고 생각해주기 바란다.

포상이라고 하면 왠지 아이에게 해당되는 것 같지만, 어른이나 아이나 다 같은 인간이다. 당근을 주면 또 열심히 일하는 게 인간이란 걸 부정할 수는 없는 사실이니까. 어쩌면 동물 전반에 해당되는 것일지도 모른다. 그리고 이는 적어도 인공지능에는 해당되지 않는 요소이다.

포상에 따라서 인간이 가진 엄청난 잠재력을 끌어낼 수도 있다. 다들 경험이 있을 것이다. 성적이 오르면 놀이동산에 데려가 준다거나 등….

아무리 그래도 다 큰 어른이 부모에게 포상을 받을 수는 없으니, 그 대신에 자기가 스스로에게 포상을 준다. 열심히 하면 맛있는 것을 먹는다거나, 쇼핑한다거나, 여행에 가는 것 등이 그것이다.

최근에 내가 밀고 있는 키워드는 '자신을 사랑하기'다. 가족을 위해서, 회사를 위해서, 나라 경제를 위해서 악착같이 일해 온 직장인은 조금 더 자신을 사랑할 필요가 있다고 생각한다. 그럼으로써 또 열심히 할 수 있기 때문이다. 나는 그것을 포상이라고 부른다. 이렇다 할 사치도 무엇도 아니다. 그저 열심히 하기 위한 궁리 같은 것이다.

그것이 공부하는데 동기부여가 되기도 한다. 앞장에서도 말했듯이 어른이라면 공부를 계속하는 것이 중요하다. 이제는 대학 입시나 회사 취직과 같은 절대적인 목표가 있는 것이 아니라 인공지능 시대에 살아남기 위해 공부를 해야 하는 것이니까.

'좋아하는 것만 골라 하고, 질리면 그만하는 공부법'처럼 그 대상을 좋아하게 되는 것이 가장 좋겠지만, 반드시 모든 것을 좋아할 수는 없다. 그럴 때는 포상 공부법을 활용하면 된다. 포상이 없으면 공부할 수 없다는 생각도 인간적이지만, 반대로 포상을 통해 열심히 할 수 있게 된다면 충분히 해볼 만한 가치는 있다.

⑫ 전신 공부법

마지막으로 좀 색다른 공부법 하나를 소개하겠다. 신체를 가지고 있는 것이야말로 인간의 강점이라고 앞에서 말한 바 있다. 신체란 머리와 마음, 손발, 장기 모두를 포함하는 것이다. 우리 인간을 구성하고 있는 전체라고도 할 수 있다.

고대 그리스 시절부터 산책하면서 사고해온 철학자가 많이 있었듯이, 인간은 전신을 사용해서 사고하고 있다. 그렇다면 온몸을 써서 공부하는 것도 좋지 않을까? 사실 우리는 온몸으로 공부를 하고는 있지만 그것을 의식하고 있지 않을 뿐이다. 그래서 문제가 발생하는 것이다. 쉬운 예로, 머리만 사용하고 있다고 생각하니까 몸을 돌보지 않는 것이다.

머리만 피곤하다고 생각해서 스트레칭이나 샤워로 몸의 긴장을 풀어주는 것을 소홀히 하게 되기 쉽다. 특히 중장년이 되면 젊었을 때에 비해 몸 여기저기가 약해지게 되므로 그야말로 아등바등하게 된다.

이를 위해서 내가 추천하고 싶은 것은 몸을 단련하는 것이다. 올림픽 효과인지, 헬스클럽이 유행해서인지 몸을 단련하는 직장인이 늘고 있다. 근력 운동이나 워킹을 시작하는 사람이 많아졌다. 나도 이제야 무거운 엉덩이를 들고 트레이닝을 하기 시작했다. 그리고 시작한 지 불과 두 달 만에 십 킬로그램 이상을 뺐다. 이 경험으로 단순히 몸이 좋아질 뿐만 아니라 공부법과 관련해서도 효과가 있다고 나는 생각한다.

먼저 공부를 하려면 인내력이 필요한데, 몸을 키우다 보면 인내력이 생기게 된다. 트레이닝은 경기용 스포츠와는 달리 단조로운 운동이다. 게다가 힘들다. 그래서 이것을 계속하면 할수록 인내력이 생기는 것이다.

다음으로 트레이닝을 하면서 생각을 한다. 이는 평소에 책상에 앉아서 생각하는 것과는 다른 효과를 가져다준다. 아마 주변 환경이 다르고 움직이는 신체 부위가 달라서 뇌가 자극되는 것일 것이다. 사물을 다른 시점에서 볼 수 있게 되거나, 갑자기 아이디어가 떠오르기도 한다.

이 '전신 공부법'은 절대로 우습게 보면 안 된다. 노벨상을 수상한 과학자 야마나카 신야山中 伸弥와 작가 무라카미 하루키도 마라톤 대회에 출전할 정도의 선수이다. 둘 다 자기 분야에서도 탑 선수이다. 나도 이들처럼 '달리는 철학자'를 목표로 하고 있다. 달리면서 생각하는 것과 일의 성과에는 어떤 연관성이 있다고 생각하기 때문이다.

그러니 책상에 앉아서 하는 공부는 80퍼센트로 하고, 나머지 20퍼센트는 운동하면서 공부해도 되지 않을까 싶다.

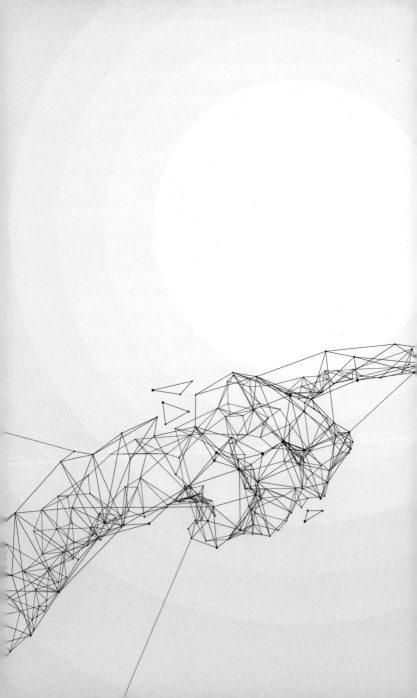

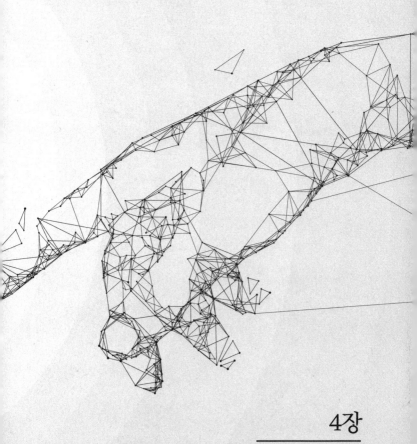

4장

최강의 철학 사고법 10가지

'느끼는 힘'을 무기로 삼다

인공지능을 이기는 공부법으로 두뇌를 단련하고, 인공지능이 따라 하지 못하는 철학 사고법을 터득함으로써 우리는 비로소 인간답게 활기차게 일할 수 있다. 이번 장에서는 그런 인간밖에 하지 못하는 철학 사고법을 소개한다. 또한 그것을 어떻게 익혀야 하는지와 트레이닝 방법에 대해서도 함께 알아보자.

철학 사고법은 워낙 많고, 많이 알수록 좋지만 모두 터득하기에는 시간도 걸리고 힘들 수 있다. 그러므로 여기서는 내가 특별히 엄선한 열 가지 사고법만 다뤄보기로 하겠다.

열 가지 사고법에는 공통된 특징이 있다. 이를 미리 알아두면 보다 이해하기 쉬울 것이다.

그것은 본능, 감정, 애매함이다. 즉, 인간다움을 전면에 드러내고 인간다움을 살린 사고법이다. 왜냐하면 인간다움이야말로 인간의 최대 무기이며, 인공지능이 감히 범접할 수 없는 부분이기 때문이다.

우선 인간다움에 대해 알아두자. 앞서 본능, 감정,

애매함이라는 키워드를 들었는데, 그 외에도 신체, 생명, 불완전함 등을 들 수 있다. 이것을 통틀어서 '인간다움'이라고 부른다. 굳이 한마디로 표현하자면 '느끼는 능력'이라고도 할 수 있겠다.

아무리 계산에 특화된 이성이라 해도 그것만으론 계산하는 기계를 상대로 하기엔 역부족이다. 그렇다면 인간의 또 하나의 능력인 '느끼는 힘'에 주목해야 한다. 그것이 인간다움이며, 앞서 구체적으로는 예시한 바와 같은 여러 요소가 거기에 해당된다.

'느낀다'란 폭넓은 개념이므로 그것만으로는 무엇을 의미하는지 이해가 안 갈지도 모른다. 그래도 분명한 것은, 그것이 사고법과 연결됨으로써 단순한 이성에 따른 합리적 사고를 넘어선다는 사실이다. 그럼 자세히 살펴보자.

① 자문자답법

'자문자답법'을 소개하기 전에, 먼저 '문답법'에 대

해 설명하겠다. 문답법이란 최초의 철학적 사고법이라고 해도 과언이 아니다. 왜냐하면 철학의 아버지인 소크라테스가 시작했기 때문이다. 소크라테스는 지나가는 청년들을 붙잡고는 질문 공세를 펼쳤다. 그리고 그들로 하여금 생각하게 하고, 그들의 입에서 답을 말하도록 했다.

애당초 철학이란 대화를 말한다. 두 사람이 대화를 하다 보면 한 사람이 상대방의 주장을 부정하고, 그 부정당한 사람은 그에 반박하기 위해 생각한다. 그 부정을 극복하려는 자세야말로 사고의 근본이다.

이후에 이 사고법은 한층 더 다듬어져 헤겔에 의해 '변증법'으로서 정교하고 치밀해진다. 그 원리는 역시 문답법과 마찬가지로, 부정을 극복해서 논리를 발전시키기 위한 것이다. 그런 의미에서는 문답법이야말로 원조라고 할 수 있다. 실제로 소크라테스의 문답법도 변증법이라고 하는 경우도 있으니까.

주목해야 할 것은 그 부정이 가져다주는 효과이다. 왜 문답법으로 사고가 커질까? 그 이유는 부정당하기 때문이다. 이는 우리의 일상 감각을 생각하면 이해할 수 있을 것이다. 인간은 부정당하지 않으면 성장할 수 없다. 잘못을 했을 때 위로만 받아서는 안 된다. 무작정의 부정은 좋지 않지만, 어디가 어떻게 잘못되었는지 건설적으로 비판당함으로써 비로소 성장할 수 있는 기회를 얻는다.

게다가 이것도 타인에 의해 이루어지는 데 의미가 있다. 자신이 자신을 비판하기란 지극히 어렵고, 자신의 약점이나 잘못을 발견하는 것은 더욱 어렵다. 자신의 약점을 알면서도 애써 눈을 돌리고 자신에게 관대해지기 때문이다. 그래서 타인의 냉철한 비판이 필요한 것이다.

구체적으로는 질문이 이에 해당한다. '당신이 그렇게 말하는 이유는 뭐죠?'라는 질문을 받기만 해도 당신의 의견은 부정당한다. 만약 상대가 당신의 말을 모두 납득했다면 묻지 않았을 테니까.

이 경우, 질문이 예리하면 예리할수록 효과가 있다. 부정력이 강해지면서 성장의 여지가 생기는 것이다. 실제로 예리한 질문을 받으면 골똘히 생각에 잠기게 된다. 게다가 예리하면 예리할수록 기억에도 잘 남는다.

나는 사회를 바꾸는 것이 중요하다고 줄곧 호소해 왔는데, 학회에서 이런 질문을 받은 적이 있다.

"사회를 바꾸려면 수단과 방법을 가리지 않아도 되나요?"

전혀 그렇지 않다. 하지만 사회를 바꾸는 것에 의의를 둔다면 이론상은 어떤 수단을 사용해도 될 것이다. 당시 나도 모르게 말문이 막혀서 그 질문은 아직도 뚜렷하게 기억하고 있다. 그리고 그 후에도 계속 생각이 난다. 이처럼 예리한 질문은 사고를 깊이 있게 만들어준다.

이제 문답법의 의의가 이해되었으리라 생각하는데, 문제는 이것을 자문자답 형식으로 어떻게 재구성하느냐이다. 두 명 이상이 문답을 같이 하면 비교적 쉽게 할 수 있다. 상대방을 부정하면 되니까. 그렇지만 혼자서 머릿속으로 하는 경우에는 1인 2역을 할 필요가 있다. 이것이 어렵다. 아무래도 자신에게 관대해지니까.

단, 그것을 할 수 있게 되면 그야말로 최고이다. 어떤 사람은 이것을 '비판적 정신'이라고 부르고, 또 어떤 사람은 '크리티컬 싱킹critical thinking'이라고 한다. 모두 비판적으로 사고한다는 의미이다. 비판이라고 하면 좋지 않은 이미지가 떠오르겠지만, 철학에서의 비판은 음미한다는 뜻이다.

생각나는 대로 말하거나 생각난 것을 곧이곧대로 옳다고 여기는 것은 유아나 하는 짓이다. 성인이라면 찬찬히 음미하는 데서 가치를 찾아야 한다. 경험이 풍부하고 사려 깊은 어른만의 특성을 살려야 한다.

그러면 그렇게 답을 내려다보면 어쩔 수 없이 시간이 걸리겠지만, 그 느림을 부정적으로 생각해서는 안 된다. 느린 게 나쁜 건 아니기 때문이다. 어차피 속도로는 인공지능을 이길 수 없다면 일부러라도 시간을 들여 보기 바란다.

나아가 '정말 이래도 될까?', '저 사람이라면 어떻게 생각할까?'와 같이 더 고민해본다. 시간이 촉박해질지언정, 그렇다고 못할 건 또 아니니까. 자, 그럼 이제 이를 위한 트레이닝 방법을 소개한다.

자문자답법 트레이닝

우선 실제로 누군가와 문답법을 반복해서 해보라. 나중에는 그 경험이 마음속에 이미지로 자리 잡으면서 당신 혼자서도 할 수 있게 된다. 최근에는 사람들이 바쁘단 이유로 모여서 토론을 하는 시간이 전에 비해 부쩍 줄어든 것 같다. SNS 상에서 짧게 대화를 주고받고 끝나는 경우가 많지 않은가? 그래서는 문답하는 힘이 약해질 수밖에 없다.

기본은 타인과의 대화이다. 그런 다음에 혼자서 의견을 내세워보자. 연습이니까 뭐든 상관없다. 예를 들면 '애니메이션은 유치하다'와 같이.

여기서부터 자문자답을 한다. 예를 들어, 이 말을 한 것은 나지만 다른 사람이 말했다고 가정한다. 그렇게 말할만한 친구를 구체적으로 떠올려보라. 가령 A가 그랬다고 하자.

A의 이 의견에 대해 자신이 반대 입장에 서 있다고 가정하는 것이다. 원래는 당신 자신의 의견이지만 말이다. 그러면 A에 대한 어떠한 반론이 떠오를 것이다.

'아니, 그렇지는 않아. 애니메이션은 실사로는 그릴 수 없는 진실을 표현하고 있어'와 같이. 그리고 이번에는 A의 입장에서 다시 반론한다.

이와 같이 반대 의견을 가진 A와 가상의 토론을 벌이면 된다. 그렇게 하면 저절로 토론은 발전한다.

익숙해지면 A뿐만 아니라 B, C 등 복수의 사람들을 동시에 상정해서 자문자답해본다. A라면 이렇게 생각할지도 몰라, B라면 이렇게, C라면… 혼자 생각하고 있음에도 불구하고 몇몇 사람들의 시점이 더해지면서 결국엔 생각이 점차 정리된다.

가령 A는 신중하고 의심이 많은 성격, B는 낙관주의자, C는 항상 독특한 발상을 하는 사람이라고 하자. 거기서 당신이 '야근은 나쁘다'라고 말했다고 하자. A, B, C는 각각 어떤 질문을 던질까? 그리고 당신은 어떤 반론을 펼칠까? 바로 요런 느낌으로 트레이닝을 하는 것이다.

참고로 나는 늘 개성이 강한 세 명 정도의 지인을 머릿속에 대기시키고 있다. 이 경우 잘 아는 사람을 골라야 한다. 그 사람이라면 어떻게 말할지를 상상할 수 없으면 의미가 없으니까. 뭐, 정작 본인들은 자신이 이렇게 사용되고 있으리라고는 꿈에도 모르겠지만.

이것이 자문자답법이다. 그렇게 어렵지는 않다. 익숙해지면 금방 할 수 있다. 그러니 당신도 꼭 한 번 해보기 바란다. 점차 습관이 될 것이다. 이런 사람을 우리는 '숙려할 수 있는 사람'이라고 부른다.

② 프래그머틱 사고법

다음으로 소개하는 것은 '프래그머틱 사고법'이다. 이는 이름대로 '프래그머티즘'이 기반이 된다. 프래그머티즘이란 미국에서 탄생한 철학으로 어떤 의미에서는 반철학의 사상이라고 해도 좋을 것이다. 왜냐하면 이 사상은 전통적인 유럽 철학에 대항하는 형태로 탄생한 것이기 때문이다.

미국이라는 국가가 탄생하기 전까지만 해도 철학은 유럽의 것이었다. 유럽인들은 사물의 진리를 탐구하기 위해 머리를 쥐어짜며 철학을 했다. 그런데 이

후 미국에서는 사물의 진리보다는 사물을 어떻게 이루는지가 더 큰 관심사가 됐다. 전형적인 예가 서부 개척이다. 추상적인 관념이나 진리의 추구는 사는데 있어 쓸모가 없게 된 것이다.

이러한 환경 속에서 '옳음'의 의미도 변하기 시작했다. 즉, 잘되면 그것이 옳다고 여겨지게 된 것이다. 실제로 그것이 이론적으로 맞는지는 별개의 이야기이지만. 프래그머티즘을 완성한 철학자 듀이 Dewey(1859~1952년)는 '지식은 도구다'라고 주장하기까지 했다. 이것이 이른바 '도구주의'이다.

이 의미로서의 옳음에 도달하기 위해서는 잘 될 때까지 계속해야 한다. 시행착오를 겪는 것이다. 시행착오는 긍정적인 뉘앙스와 부정적인 뉘앙스를 각각 풍기는데, 여기서는 긍정적인 뉘앙스로 해석하면 된다. 좋은 답을 찾기 위해 일부러 시행착오를 겪는 것이다. 답을 골라내고 때로 수정한다.

종래의 철학은 정해진 답이 하나 있고, 그것을 향해 돌진하는 식이었다. 한편, 프래그머틱 사고법은 수많은 답 중에서 문제를 해결하는 데 가장 적합한 답을 고르는 것이다. 적합하지 않으면 수정한다.

예를 들면 옷 가게에서 옷을 고르는 것과 같다. 일단 가게에 들어가 탐색한다. 이 옷도 저 옷도 아니라고 생각하면서 계속 원하는 옷을 찾는다. 물론 옷들을 직접 입어도 본다. 그렇게 해서 가장 괜찮아 보이는 옷을 고른다. 그런데 그 옷이 몸에 딱 맞는 게 아니라면 소매나 기장을 살짝 수선한다.

프래그머틱 사고법은 이러한 시행착오의 과정조차 플러스로 만든다. 왜냐하면 다음에 비슷한 상황이 닥쳤을 때 참고가 되기 때문이다. 옷 고르기도 자신의 사이즈를 알았으면 두 번째부터는 고르기 쉬워지는 것처럼 말이다.

이러한 옳음의 추구는 너무 현실적이어서 철학과 어울리지 않는 것처럼 보이지만, 그렇다고 반철학이 철학과 무관한 것이라고 단정할 수 없다. 오히려 또 하나의 철학이라고 보는 편이 좋다.

프래그머티즘은 바꿔 말하면 유연한 사고나 다름 없다. 앞서 인공지능과 인간을 비교하면서 말했지만 유연성은 인간의 무기이다. 특히 다양한 가치들이 격하게 대립하는 현대 사회에서는 유연한 사고야말로 필수 요소이다. 원리 원칙이나 진리를 둘러싸서 대립하는 자세를 취해선 언제까지고 해결할 수 없다. 인공지능 시대에 사고법으로 재정의되는 철학에는 단순히 진리의 추구뿐만 아니라 그러한 문제 해결의 도구로서의 요소가 요구된다.

테크놀로지의 진화로 앞이 내다보이지 않는 현대사회는 온 배경과 영역이 마치 개척되기 전의 미국을 보는 것 같다. 프래그머틱 사고법이 요구되는 까닭이다.

프래그머틱 사고법 트레이닝

프래그머틱 사고법은 듀이가 실제로 했던 사고법을 그대로 실천하는 것이 좋다. 시행착오를 본질로 하는 사고인 만큼 실천적 트레이닝을 하는 게 가장 바람직하다.

듀이는 '사고한다란 어떻게 탐구하는가이다'라고 말한 바 있다. 그리고 탐구의 과정에 대해 논했다. ―

① 탐구의 선행 조건(불확실한 상황), ② 문제의 설정, ③ 문제 해결의 결정(가설 형성), ④ 추론, ⑤ 가설 테스트.

먼저 '① 탐구의 선행 조건'이란 어떤 곤란한 사태의 발생이다. 연습 삼아 자신이 겪고 있는 힘든 일을 떠올려보자. 업무와 관련된 일이든, 사생활의 일이든, 불편한 일이든 뭐든 좋다. 예를 들면 출퇴근이 힘들다 등….

이를 토대로 '② 문제의 설정'이 이루어진다. 힘든 원인은 무엇인지, 무엇이 문제인지가 특정되는 것이다. 출퇴근이 왜 힘들까? 한 예로 '붐비는 지하철을 타고 가야 하기 때문이다'가 될 수도 있다.

다음으로 '③ 문제 해결의 결정(가설 형성)'이 이루어진다. 이렇게 하면 문제가 해결된다고 하는 가설을 세우는 것이다. 듀이는 불확실한 상황에서도 주어진 상황 속에서 구성 요소로써 결정할 수 있는 것을 찾아내야 한다고 주장했다. 예를 들어 많은 사람들로 북적거리는 행사장에서 화재경보기가 울렸을 때, 바람직한 결과를 낳도록 행동하기 위해서는 화재가 발생한 곳을 알아내야 한다.

이때 요구되는 것이 '관찰'이다. 관찰된 모든 조건을 하나로 묶은 '그 자리의 사실'이야말로 적절한 해결을 위해 꼭 필요하다. 그럼 출퇴근 열차에 탄 자신을 객관적으로 관찰해보자. 보이는 것은 사람들과 부대끼며 장시간 서 있는 피폐한 자신의 모습이다. 그것만 없으면 문제가 없다는 것이 된다.

이렇게 세워진 가설에 근거해서 '④ 추론', 즉 실험이 이루어진다. 추론을 통해 점검함으로써 비로소 의미가 확정된다. 출퇴근길에 사람들과 부딪히지 않아도 되고, 게다가 앉아서 갈 수 있는 루트를 고르는 것이다. 물론 그 경우, 출퇴근 시간이 더 오래 걸리거나 교통비가 더 들지도 모른다. 그렇지만 자신이 힘들다고 느끼는 부분들을 제외하면 문제가 해결될지 어떨지를 시뮬레이션해보는 것이다.

최근에 이 같은 방법을 취하는 '디자인 사고'가 유행했는데, 그 과정도 매우 유사하다. '디자인 사고'에서는 이 추론의 부분을 '원형原型 구축'이라고 부른다. 시작품(trial product)을 만든다는 것이다.

마지막 '⑤ 가설 테스트'에서는 정말로 상황이 달라지는지를 시험한다. 원형을 평가하는 것이다. 이 경우 새로운 사실은 가설이 형성되기 전의 혼란스러운 문제 상황을 해결해서 질서가 딱 잡힌 전체가 형성될 때 비로소 증명되었다고 할 수 있다. 만약 30분만 일찍 일어나거나, 교통비를 더 부담함으로써 쾌적하게 출퇴근할 수 있는 방법을 발견해 그것으로 납득할 수 있으면 그것이 답이 되는 것이다.

한번 당신의 문제를 이 다섯 단계에 적용해서 검증해보기 바란다. '배우기보다 스스로 익혀라'가 프래그머티즘의 기본이니까.

예를 들면, '식욕이 넘치는' 게 문제라면 당신은 평소에 식욕을 참느라 고생만 했을 것이다. 하지만 프래그머틱 사고법을 사용하면 의외의 해결책이 나올 수 있다. '차라리 유튜브로 먹방을 찍는다'거나 '그것을 계기로 마라톤을 시작한다'와 같이 의외의 방안이 나올 수 있는 것처럼 말이다.

우리의 일상은 다양한 문제들로 넘쳐난다. 그런 의미에서 트레이닝의 주제가 마를 일은 없다. '직장에 짓

굿은 사람이 있다', '월급이 적다', '밤에 잠을 못 잔다'
등과 같이. 여기서 하나가 자신의 일이라고 느낀 사람
은 바로 프래그머틱 사고법을 실천해보기 바란다.

③ 감정 사고법

제1장에서도 설명했듯이, 인공지능과 같은 인공물
과 인간을 구별하는 가장 큰 요소는 감정이다. SF 영
화에서도 로봇이 인간의 눈물을 이해하지 못해 고민
하는 장면이 나온다. 슬플 때 왜 눈물이 나오는지 모
르는 것이다.

철학의 세계에서 최초로 감정에 대해 논한 인물은
프랑스의 철학자 데카르트Descartes(1596~1650년)이
다. 데카르트는 저서 『정념론Les passions de l'âme』에서 감
정의 메커니즘을 밝혀냈다.

그 요점은 감정이란 인간에게 갖춰진 본질적인 능
력이며, 또한 그것은 사고를 강화하는 데 도움이 된
다는 것이다. 감정이 있으니까 인간의 신체에 변화가

나타난다. 그러니까 슬플 때 눈물이 나오는 것이다. 그 감정 덕분에 인간은 곰곰이 생각하거나 옳은 판단을 할 수 있다.

감정이라고 하면 비이성적인 것으로 받아들여지기 쉽다. 하지만 그것은 사고를 강화하도록 사용하지 않았을 뿐이다. 감정이 가지는 에너지를 잘 다룰 수만 있다면 감정은 오히려 무기가 된다. 마치 솔로몬의 재판처럼 말이다.

한 아이를 놓고 서로 자신의 아이라고 주장하는 두 여인에게 솔로몬은 아이의 팔을 서로 잡아당기라고 명한다. 그리고 아이가 다칠까 봐 먼저 팔을 놓은 사람이야말로 진짜 어머니라고 했다. 잣대가 아닌 감정으로 타당한 결론을 이끌어낸 것이다.

이는 눈대중과 같은 것이며, 명확한 기준이 있는 것은 아니다. 유일하게 있다고 하면 그곳에 있는 사람들이 눈물을 흘리느냐 안 흘리느냐이다. 눈물을 흘리면 정답, 그렇지 않으면 오답이 된다.

그 의미에서는 현장의 분위기마저도 고려하여 판단할 필요가 있다. 나도 강연을 할 때 그 곳의 분위기를 읽고 관객이 감동하게끔 마무리 멘트에 신경을 쓴다. 관객을 감동시킬 수 있으면 강연은 성공이니까.

인공지능은 정보 수집에 능하다. 하지만 어디까지 인간의 감정을 고려하고, 그 자리의 분위기를 읽을 수 있을까? 데카르트는 다음과 같이 말했다.

'이성이 어떤 일이 닥쳐도 도움이 될 만한 도구인데 반해, 이들의 기관들은 개개의 행위를 위해 각각 어떠한 개별적인 배치를 필요로 한다.'

인간이 지닌 이성의 보편성과 기계 인간에게 있어 그것이 결여되어 있음을 지적하고 있는데, 여기서 힌트를 얻을 수 있을 것 같다.

즉, 인간이란 보편적인 종합체이기 때문에 감정이라는 종합적인 판단을 할 수 있는 것이다. 하지만 기계는 그런 의미에서의 통합체가 아니라 어디까지나 부품의 집합체이기 때문에 감정을 표현해 종합적인 판단을 하지 못한다. 그러므로 우리 인간은 감정을 사고법으로써 살려야 한다.

이치만 따지지 않고 그 자리의 분위기도 함께 고려해서 어떻게 눈물을 유도할지를 궁리하는 것이 바로

'감정 사고법'이다.

감정 사고법 트레이닝

그러면 감정을 사고법으로 활용하기 위해서는 어떤 트레이닝을 해야 할까? 잊어서는 안 되는 것은 설득력이 없으면 사고법으로서 성립되지 않는다는 점이다. 그러므로 우선은 논리로 생각한다. 원리원칙에 따라 생각하면서 결과를 이끌어내는 것이다.

그다음에 그 결과에서 불리한 점이나 사람들을 감동시킬 수 없는 점을 찾는다. 이 부족한 부분을 감정으로 충당하는 것이다. 이것이 데카르트가 말한 '사고를 강화하는 감정'을 이용한 발상이다.

트레이닝으로써는 원리원칙에 따라 일단 결론을 내린 후, '다만', '하지만'이라는 뒷말을 붙여 그 결론을 수정하는 습관을 들이자. 또 사람들을 감동시키기 위해서는 우선 자기 자신이 감동할 만한 이야기를 해야 한다. 이때 인간의 나약함이나 따뜻함에 파고들면 좋다.

예를 들면 누군가가 '인공지능은 고작 기계일 뿐이다'라고 말했다고 하자. 나도 그렇게 주장하긴 하지만, 한번 일부러 반론해서 상대의 마음을 흔들어보자. 예를 들면 "그렇지만 그 인공지능을 만든 사람도 있을 거 아니야. 아무리 물건이더라도 정성껏 만들었으면 내 자식 같지 않겠어? 만화 <아톰Atom>도 그렇잖아. 텐마 박사는 죽은 자식 대신에 아톰을 만든 거니까."

혹은 "영화 <AI>를 생각해봐. 의식을 가진 인공지능은 진심으로 부모의 존재를 믿고 어머니에게 사랑을 받고 싶어 했잖아. 그것을 그냥 기계라며 폐기할 수 있을까?"

이것도 어렵다면 휴먼 드라마나 영화를 보고 거기서 배우는 것도 하나의 방법이다. 감동적인 영화에는 반드시 결정적인 장면이 있기 마련이다. 원리원칙에 따른 사고에서 감정에 의한 사고로 바뀌는 장면이다.

몇 가지 예를 들어보자면, 방탄한 아들과 의절했던 부모가 마지막에 손을 내미는 장면이나, 자신을 배신

한 친구를 원망하던 남자가 그래도 끝까지 우정을 지키려는 장면, 사랑하는 딸을 잃은 남자가 비탄에 빠져 죽기로 마음먹다가 생각을 돌려 다시 한 번 살아보려는 장면 등이 그렇다.

참고로 마지막 예는 윌 스미스Will Smith 주연의 영화 <나는 사랑과 시간과 죽음을 만났다(Collateral Beauty)>에서 그려진 장면이다. 내가 특히 추천하는 철학적 작품이기도 하다.

이 작품도 논리로만 해석하면 불합리한 인생은 살 가치는 없다는 게 된다. 그 꽉 막힌 의식을 전환해주는 것이 바로 감정이다. 이런 영화를 참고해서 무엇이 어떻게 수정되고 어떤 감정이 어떤 말로 표현되는지를 메모해보자. 이 트레이닝을 하면 작품도 즐길 수 있고, 사고법 공부도 할 수 있으니 일거양득의 효과를 볼 수 있다.

④ 속내 사고법

'속내 사고법'이란 나 자신에게 솔직해지는 것을 말한다. 마치 정신과 의사의 조언 같지만 이것도 어엿한 철학이다. 인간에게는 속마음과 겉마음이 있으며, 속마음으로 생각하는 것과 겉마음으로 생각하는 것은 과정과 결과에 있어 차이가 있다.

우리는 대게 겉마음으로 사고하고 있다. 그래야 편하기 때문이다. 풍파도 일지 않는다. 하지만 '진심으로 그렇게 생각해?'와 같이 지적받으면 뜨끔한다. 정곡을 찔렀기 때문이다. 이처럼 겉모습 사고법의 문제는 위력이 약하다는 점이다. 체면만 차리니까 근본적인 부분이 약해지는 것이다.

반대로 나 자신에게 솔직해지는 경우에는 특히 마지막 순간에 강하다. 신념과 신조가 있기 때문이다. 그 사람이 진심으로 그렇게 생각한다면 아무에게도 부정당할 수 없다. 그것은 논리를 초월한다. 이 근거를 무너트리기란 쉽지 않다.

독일의 철학자 니체Nietzsche(1844~1900년)는 바로 그러한 사고를 했었다. '모두 도덕, 도덕 하는데 그런 것은 겉모습에 지나지 않지 않는가?'라며 말이다. 그는 예나 지금이나 학생들에게 인기가 많았는데, 이처럼 과격한 말을 해도 미움받지 않을 수 있었던 이유는 그것이 그의 본심이었기 때문이리라.

그 궁극의 예는 사람을 죽여서는 안 된다는 도덕관이다. 만약 정말로 사람을 죽이고 싶다고 생각할 때 그 본심을 숨기고 이것저것 이론으로 따져봐야 설득력은 없다. 오히려 자신에게 솔직해지는 것이 건전하다고 그는 말했다. 물론 사회적으로는 건전하다고는 할 수 없지만 말이다.

이는 극단적인 예이지만, 다른 것에 대해서는 얼마든지 자신의 솔직한 마음이라고 주장할 수 있다. 과연 이런 불합리한 주장을 인공지능이 할 수 있을까?

그러므로 인간의 본심에서 나온 주장은 강할 수밖에 없다. 이를 사고법에 살리지 않을 수 없다. 토론에서는 거짓말을 한 사람이 진다. 한쪽에서 솔직하게 당당하게 나오면 다른 쪽에선 더 이상 밀고 나갈 수가 없다. 멋 부린 쪽이 지는 것이다. '속내 사고법'의 강점은 여기에 있다.

속내 사고법 트레이닝

자신의 마음에 솔직해지기 위해서는 생각을 일단 음미해보면 좋다. 먼저 답을 내린 뒤, '이건 내 본심일까?'라고 묻는다. 이 질문을 반복하면 점차 자신의 기본적인 생각이 보이기 시작한다. '사상'이라고 해도 좋을 것이다.

그리고 그 리스트를 뽑는다. 정치에 대해 어떻게 생각하고 있는지, 신의 존재에 대해 어떻게 생각하고 있는지, 인공지능의 미래에 대해 어떻게 생각하는지, 인생에 대해서는 어떻게 생각하는지….

이렇게 자신의 본심을 한번 가시화한다. 이를테면 자신의 본심 리스트이다. 미리 이것을 만들어놓으면 바로바로 본심으로 사고할 수 있게 된다. 자신의 입장을 확립하는 것이다. 생각이 흔들리는 일도 없어진다.

나머지는 그것을 밖으로 꺼낼 수 있는가의 문제이다. 본심을 꺼내기 위해서는 용기가 필요하다. 또 자신을 드러내는 것 같아서 수치심도 동반한다. 과격한 사고방식인 경우에는 비판받을 각오해야 한다.

그래서 이러한 용기를 가지기 위해서 당당해지는 훈련도 동시에 필요하다. 누군가에게 무슨 소리를 들어도 굳건한 입장을 유지할 수 있는 당당함이다. 바로 니체가 그랬듯이.

이를 하기 위해선 일기를 써보는 것으로 시작하면 좋다. 남들 앞에서는 좀처럼 말하기 어려운 것을 적는다. 우선은 자신의 마음을 글로 표현할 수 있어야 하니까.

다음으로 인터넷 게시판 등에 글을 올려보자. 이는 바로 반응이 있을 테니까 멘탈 훈련이 될 수 있다. 유명인 중에는 인터넷을 여론의 반응을 살피기 위한 '관측기구'로 사용하는 사람도 있다.

악플이 신경 쓰이지 않게 되면 당신도 이제 니체이다. 그렇게 되면 남들 앞에서 당당하게 자신의 마음에 솔직하게 발언할 수 있게 된다. 남이 뭐라고 하든, 인공지능이 어떤 답을 내든, 자신은 이렇게 생각하니까 어쩔 수 없다고 당당하게 나가는 것이다. 그러면 이제 인공지능도 감히 당해낼 수 없을 것이다.

⑤ 신체 사고법

신체로 사고를 한다는 건 무엇일까? 그것은 머리 대신에 인간에게 주어진 신체를 사용해보는 것이다.

인공지능에는 신체가 없다. 인간형 로봇은 인간의 모습을 하지만 그것은 필연의 것은 아니다. 따라서 형태만 인간의 몸일 뿐이지 로봇은 그것을 활용할 줄 모른다. 손발을 움직였다고 해서 몸을 활용했다고는 할 수 없다.

왜냐하면 신체는 매우 복잡하고 신비롭기 때문이다. 외형은 따라 할 수 있어도 완전히 똑같은 것을 만들어 내지는 못한다. 뇌부터 몸 전체에 신경이 퍼져 있는 데다가 동시에 신체를 구성하는 세포 하나하나가 독립된 생명체이며, 또한 하나의 신체의 일부이니까.

그런 의미에서는 굳이 '신체 사고법'이라고 말할 필요는 없을지도 모른다. 생각하는 것은 애당초 몸을 끌어들인 행위이며, 우리가 평소에 의식하지 않을 뿐이다.

단, 그것을 넘어서 신체 사고법에는 다른 의의도

찾아볼 수 있다. 실은 신체는 뇌의 종도 도구도 아닌, 그 자체가 독립된 존재로서 사고를 펼칠 수 있다. 신체에 대해 본격적으로 철학적으로 연구한 사람은 프랑스의 사상가 메를로 퐁티Merleau Ponty(1908~1961년)로 알려져 있다.

메를로 퐁티에 따르면 신체는 의식과 세계를 잇는 인터페이스와 같은 역할을 하고 있다고 한다. 우리는 신체를 경시한 나머지 신체를 건너뛰어 마치 의식과 세계가 직접 연결하는 것처럼 생각하기 쉽다. 그런데 그렇다고 할 수 없다. 중간에 몸이 개재하고 있으니까.

이는 곧 몸의 상태에 따라 사물을 받아들이는 방법도 달라진다는 말이다. 예를 들면 당신의 몸이 상태가 좋지 않으면 당신이 바라보는 세계도 안 좋게 비친다. 반대로 당신의 몸이 상태가 좋으면 세상 역시 아름답게 보이게 된다. 경치도 냄새도, 모든 것이.

이는 당신도 경험했을 것이다. 화창한 아침의 햇살은 몸 상태가 좋으면 상쾌해 보이지만, 숙취가 심한 상태에서는 지옥의 스포트라이트로밖에 느껴지지 않는다.

그렇게 생각하면 오히려 몸이야말로 주체적으로 의식에 정보를 줄 수도 있다. 의식이 몸에 명령해서 세계의 정보에 접속하는 것이 아니라, 신체가 먼저 세계의 정보에 접속해서 그것을 의식에 전하는 것이다.

몸은 늘 의식적으로 움직이고 있다고는 할 수 없으므로 이는 충분히 일어날 수 있는 일이다. 인공지능에는 신체의 주체성이 없으므로 만약 인간이 이 부분을 사고법으로 활용할 수 있으면 이는 독자적인 사고를 할 수 있는 것이 된다. 이것이 바로 신체가 느낀 것을 의식 속에서 재구성하는 '신체 사고법'이다.

가을 아침에 찬물을 만진 사람은 계절의 변화를 느끼고 다양한 생각에 잠길 것이다. 인공지능은 이런 사고를 할 수 없다.

신체 사고법 트레이닝

'신체 사고법'을 트레이닝하기 위해서는 신체를 갈고닦는 것이 가장 좋다. 몸이 정보를 받는 감도를 높이는 것이다. 이를 위해서는 먼저 몸이 정보를 받아들인다는 걸 몸소 느껴야 한다.

예를 들어 지금 눈을 감고 가까이에 있는 것을 만져보라. 이때 목적물을 정해서는 안 된다. 손이 가는 대로 만져야 한다. 그리고 그것이 무엇인지 알아맞힌다. 촉각뿐만 아니라, 냄새도 맡아보고 귀도 기울여본다.

이렇게 의식이 먼저가 아니라, 몸이 주도권을 잡고 정보를 받아들인다는 감각을 갈고닦는 것이다. 익숙해지면 몸이 느낀 것을 글로 적는 연습을 해보자. 의식이 느낀 것이 아니라 몸이 느낀 것이다. 어떻게 다르냐고 생각하는 사람은 한번 오른손으로 왼손을 만져보기 바란다. 그리고 그대로 왼손에 신경을 집중해서 오른손이 만지고 있다고 생각해보자. 어떤가? 방금 일어난 것이 이런 것이다. 먼저 의식에 의해 오른손이 왼손을 만졌다. 그리고 왼손에 신경을 집중한 순간 왼손은 의식을 떠나 즉, 당신 자신을 떠나 독립된 몸의 일부로서 오른손을 느꼈을 것이다. 마치 다른 사람이 당신의 손을 만진 듯한 감각을 받지 않았는가? 의식은 하나임에도 불구하고 말이다.

이렇게 의식과 신체를 떼어내는 것은 가능하다. 그 분리가 어려울 뿐이지, 신체의 소리에 귀를 기울이면 된다. 펜을 만져본 다음 의외로 가볍다거나 손에 잘 감긴다거나, 뭐든 좋으니까 문장으로 표현한다. 요령은 아무것도 생각하지 않고 몸으로 만져보고 그 첫인상을 기술하는 것이다. 그것은 머리가 생각을 시작하기 전의, 몸에 의한 사고 결과이다.

무엇을 만져야 할지 모르겠는 사람은 주변에 있는 것 아무거나 하나 만져보라. 예를 들어 지우개나 가위, 칫솔, 면봉, 주방 세제, 휴지, 비닐봉지 같은 것들…. 저마다 소재나 감촉이 다를 것이다. 게다가 평소에 자주 사용하는 것들이다. 그런데 트레이닝으로서 만져보면 또 다르게 느껴질 것이다. 단, 이때 선입견을 갖지 않도록 주의하기 바란다.

이러한 트레이닝을 반복하다 보면 마치 내 속에 머리와 몸이라는 두 가지 사고 회로가 생긴 것 같은 감각에 사로잡히게 된다. 그렇게 되면 성공이다.

⑥ 기억 생성법

인간에게는 기억력이 있다. '인간보다 인공지능이 더 큰 메모리 용량을 지닐 수 있고, 심지어 정확하게 기억할 수 있다'라고 말하는 사람이 있다. 맞는 말이다. 하지만 내가 말하는 기억력이란 '기억하는 힘'이 아니라 '기억을 만드는 힘'이다.

프랑스의 철학자 앙리 베르그송Henri Bergson (1859~1941년)은 '인간의 기억은 지금 여기서 만들어지고 있다'라고 주장했다. 이것은 무슨 뜻일까?

우리는 보통 기억이란 과거에 있었던 사실들이라고 알고 있다. 하지만 인간이 그 기억을 떠올릴 때 머릿속으로 항상 그 작업을 한다. 즉, 자신의 머릿속에서 재구성되거나, 혹은 만들어지는 것이 바로 '기억'이라고 불리는 것이다. 이는 결코 과거에 일어난 사실과 일치하지 않는다. 왜냐하면 인간은 그만큼 정확하게 사물을 받아들이고 저장할 수 없기 때문이다.

우리의 머리는 블랙박스가 아니다. 아무리 노력해도 그렇게는 될 수 없다. 발버둥 치는 것은 다른 의미에서 중요하지만 우선은 모든 것을 완벽하게 기억하는 것은 불가능하다는 인식이 중요하다. 그렇다면 '기억'이라고 부르면서 도대체 우리는 머릿속으로 무엇을 하고 있는 걸까?

그것은 지금 보는 것과, 느끼는 것, 과거에 있었다고 믿고 있는 것을 섞는 것이다. '지금'을 필터로 해서 과거를 보고 있다고 해도 좋다.

기억의 차이는 이렇게 일어난다. 이 메커니즘은 의도적으로 싫은 기억을 흐리게 하기 위해서도 이용된다. 실제로 정신과에서는 그런 치료도 하고 있다. 현재 정보로 기억을 의도적으로 조작하는 것이다. 그래야 살기 편해지기 때문이다.

반대로 원한은 나쁜 기억을 점점 증폭시키는 상태이다. 어쩌면 그렇게 믿지도 않은데 기억을 조작해서 상대를 원망하는 것이다. 한 예로 격투기 선수는 일부러 상대방에 대한 증오심을 키워서 투쟁심을 끌어올리기도 한다.

그러므로 기억은 좋은 쪽으로도 나쁜 쪽으로도 바꿀 수 있다. 인공지능은 기억을 조작할 수 없겠지만,

인간은 평소에 자동적으로 기억을 조작한다. 이는 고통받지 않고 살기 위한 본능적인 행위와도 같다.

참으로 허술하고 자기중심적이지만, 그 점이 인간의 훌륭한 점이다. 이를 의도적으로 다뤄서 무기로 쓰지 않을 수는 없다. 물론 조작한다고 해도 우리는 백 퍼센트 기억을 통제할 수 있는 것은 아니다. 그것은 무의식중에 다양한 요소가 개재되기 때문이다. 경우에 따라서는 그 사람의 인생의 모든 경험이 개재될지도 모른다.

그것도 다 들어간 상태에서 활용할 수만 있다면 인공지능과는 다른 사고가 가능해진다. 이것이야말로 매우 환상적이고 독창적인 '기억 생성법'이다.

기억 생성법 트레이닝

기억을 잘 통제하기 위해서는 지금 보고 있는 것이나 느끼고 있는 것을 과거의 기억과 섞을 필요가 있다. 예를 들면 싫은 사람의 기억이 있다고 하자. 그 경우 그 사람의 좋은 점이나 그 사람이 나름대로 겪는 사정을 찾아보는 것이다. 그러면 증오가 조금씩 흐려진다.

이렇게 기억을 일깨워서 조작하는 것이다. 좋은 기억으로 만들고 싶다면 플러스의 필터를, 나쁜 기억으로 만들고 싶다면 마이너스의 필터를 씌우는 것이다.

나쁜 기억으로 만들고 싶다고 하니 이상한 말 같겠지만, 이는 앞에서 말한 격투기 선수가 투쟁심을 돋우는 것과 같다. 또한 과거의 자신을 못난이로 만들어놓고 새사람으로 거듭나고자 할 때도 이를 응용해볼 수 있겠다.

구체적으로는 먼저 머릿속에 있는 어떤 기억을 떠올린다. 그리고 그 기억을 의심한 다음 사실은 이렇지 않았을까 하고 고쳐나간다. 그리고 계속해서 바꿔놓는다. 나중엔 자신이 바꾼 대로 믿게 될 테니 신기할 것이다.

예로, '나는 옛날부터 강아지를 싫어했다'라고 생각한다. 다음으로 '아니, 강아지는 좋아하지만 어릴 때 무서운 경험을 겪어서 그런 것일 수 있어' 하고 의심해본다. 아니면 '우연히 쓰다듬어주다가 강아지에게 손을 물렸어. 그래서 그때부터 싫어진 것은 아닐까?' 하고 기억을 조작해본다. 그러다 보면 '그러니까 진심으로 개가 싫은 것은 아니야'라고 믿기 시작하게 될 것이다.

또 과거의 자신을 되돌아보면서 두 가지로 표현해보는 것도 좋은 훈련이 될 수 있다. 예를 들면 내 경우, 이십 대 후반에 사 년 동안 백수로 지냈는데 그 시절의 추억은 썩 좋지가 않다. 한번 이를 가지고 두 가지로 표현해보자.

먼저 나쁜 기억으로 머릿속에 떠올린다. '그 시절에는 돈도 없고, 하고 싶은 일도 못하고, 마냥 허송세월 시간을 보냈었지. 정말로 최악의 시간이었어' 이렇게 다시금 머릿속에 떠올리니 저절로 한숨이 나온다.

다음으로 이때의 일을 좋은 기억으로 떠올린다. '그 시절에는 돈은 없었지만 앞으로의 인생을 생각하기 위해 충분한 시간을 가졌어. 그런 의미에서는 귀중한 시기였다고 할 수 있지' 이렇게 기억이 떠올리고 나니 마치 그때가 내 인생에 꼭 필요한, 의미 있는 시간이었던 것처럼 느껴져 신기할 따름이다.

누구나 비슷한 기억이 있지 않은가? 시험에 떨어졌다거나, 좋아하는 사람에게 차였다거나, 죽고 싶을 만큼 창피한 일을 당했다거나, 병에 걸렸다거나 등. 그중에 해당되는 것이 있으면 한번 나쁜 기억과 좋은 기억 각각 두 가지로 표현해보라.

나는 글을 쓰고 있으니 불가피하게 이 작업을 할 수밖에 없다. 즉, 내 경험에 대해 언급할 때 기억이 그대로 남아 있는 것이 아니므로 기억을 조작할 수밖에 없다. 문맥에 따라 같은 기억을 좋게도 나쁘게도 표현할 수 있으면 이제 '기억 생성법'을 터득한 것이나 마찬가지이다.

⑦ 명상 사고법

'명상 사고법'이란 헤매고 명상하는 사고법이다.

인간은 헤매는 생물이다. 사는 것 자체가 헤매는 것이라고 해도 좋을 것이다. 나도 매일같이 헤매고 있다. 내일 수업을 어떻게 해야 할지와 같은 작은 일부터, 어떻게 살아야 하는가와 같은 큰일까지, 그렇게 고민하다 보면 출구 없는 미궁에 빠진다.

그럴 때의 선禪의 가르침인 명상을 함으로써 답이 보일 때가 있다. 선은 일본 철학의 핵심이며, 엄연한 사고법이다. 게다가 인공지능은 따라 할 수 없다. 깨어 있는 상태에서 머릿속을 비우는 것이기 때문에, 이는 단순히 전원을 끄는 것과는 다르다.

세계에 선을 널리 알린 인물은 불교 철학자이자 사상가이기도 한 스즈키 다이세츠鈴木大拙(1870~1966년)이다. 그가 주장한 것은 '무분별의 분별'이다.

분별이란 '그 사람은 분별이 있다'와 같이 말하듯이 도리를 아는 것을 말한다. 이치로 사물을 잘 생각할 수 있는 능력이다. 무분별이란 그 반대로 이치로 생각하지 않는 것을 의미한다. 이치로 생각하지 않는다는 것은 사물을 꼼꼼하게 분류하거나 분석하지 않는다는 것이기도 하다.

그렇다면 '무분별의 분별'이란 무슨 의미일까?

다이세츠에 따르면 '무분별의 분별'이란 개인의 의

식을 넘어선 이른바 '초개인의 의식'이다. 이는 개인이면서도 개인의 밖에 있는 것과 일체가 된 존재이다. 사람의 의식은 보통 분별에 의해 구성되어 있지만, 그것만으로는 불충분하며 그 배후에 무분별이 있어야 한다. 그렇지 않으면 사물을 이루 다 파악할 수 없다.

쉽게 말하면 분별은 인간의 인식 능력의 일부일 뿐이며, 거기에 무분별이 더해짐으로써 비로소 인간은 사물을 인식할 수 있다. 그 무분별을 개인이 가질 때 그것이 '무분별의 분별'이 된다.

그렇다면 어떻게 하면 무분별을 가질 수 있을까?

그것은 무의식이 되는 방법밖에 없다. 그래서 명상이 필요한 것이다. 잡념을 버리고 머릿속을 비운다. 인간은 자동적으로 사물을 생각할 수 있도록 만들어져 있으므로 쉽지는 않겠지만, 그것을 성공하면 새로운 것들이 보이기 시작한다. 눈 뜨고 분별만을 했을 때는 보이지 않았던 것들이 말이다.

인공지능은 계산하고 사고하도록 만들어져 있으므로 사고하지 않는다면 기능하지 않는 것이나 마찬가지이다. 그러나 인간은 사고하지 않아도 기능을 한다. 이것이 강점이다. 명상을 사고법으로 살리고 무분별로 이끌어낸 답을 내민다. 이것이 '명상 사고법'이다.

명상 사고법 트레이닝

명상이라고 해도 여기서 말하는 것은 어디까지나 사고법이다. 이를 위한 트레이닝 방법으로는 우선 대상에 대하여 곰곰이 생각하는 것이다. 가능하면 머리가 터질 때까지 생각하자. 이 부분이 보통 명상과는 다른 점이다.

그리고 이번에는 반대로 머릿속을 비운다. 아주 잠깐 몇 분이라도 좋으니 눈을 감고 아무 것도 생각하지 말고 있어 보자. 처음에는 잔상이 떠올라 그것에 사로잡히기도 하지만 무시한다. 시야가 거슬리지 않게 되면 다음에는 소리가 들려온다. 공기가 흐르는 듯한 소리이다. 그것을 무시하면 점차 무無와 가까워진다.

명상 중에 아무 것도 생각하지 않았지만 이렇게 잠깐이라도 명상을 하고나면 머릿속이 리셋된다. 그리고 다시 대상과 마주한다. 그러자 이번엔 모드가 바뀌면서 꽉 막혔던 머리가 재부팅된다. 이렇게 함으로써 답이 보이기 시작할 때가 있다.

이는 명상 중 무의식중에 다른 모드로 사고를 계속하고 있어서일지도 모른다. 바로 다이세츠大拙가 말하는 초개인의 의식이다. 이로써 분별과 무분별을 함께 활용하는 것이 가능해진다.

실은 실리콘밸리의 직장인은 명상을 자주 한다. 그들은 일을 하다가 머릿속이 꽉 막히면 명상을 한다. 두뇌 전환에 도움이 되기 때문이다. 애플의 창업자 스티브 잡스도 샌프란시스코에서 선을 배우고 명상을 했다고 한다.

트레이닝은 가능하면 매일 한 번씩 습관적으로 하면 좋다. 나도 하고 있지만, 십 분 정도의 낮잠이 몸에 좋은 것처럼 하루에 몇 분만 명상을 해도 큰 효과를 얻을 수 있다.

⑧ 우주 일체화 사고법

'우주 일체화'라고 하면 갑자기 웅장한 이야기가 된 것처럼 느껴질지도 모른다. 혹은 뭔가 의심스러운 사상이라고 생각할지도 모른다.

하지만 이는 번듯한 중국의 사상가 노자가 설한 사상이다. 노자는 '도道'라는 개념을 제창했다. 도란 중국어로 '길'이라는 뜻으로, 이것이야말로 우주의 원리로 여겨지고 있다. 쉽게 말해 우주를 관철하는 대전제와 같은 것이다. 물리학에서는 다른 물질을 들겠지만 이렇게 받아들여도 문제는 없다.

왜냐하면 세계를, 아니 우주를 이해하려고 하는 것뿐이니까. 그리고 그렇게 생각할 수 있는 것은 인간의 강점이다. 인간은 대자연 속에 있으면 자연의 일부임을 느낄 수 있다. 또는 별 하늘을 보고 있으면 마치 자신이 이 우주의 일부인 것처럼 느낄 수 있다. 인공지능은 그렇게 느낄 수도, 비과학적인 것을 이해할 수도 없을 것이다.

그렇다면 도를 우주의 원리로 받아들이는데 장점

은 무엇인가?

노자는 도가 이 우주를 지배하고 있으며, 도를 순수하게 따르면 모든 일이 잘 풀린다고 말했다. 이것이 '무위자연無爲自然'이다. 아무것도 하지 않고 자연의 섭리에 맡긴다. 그럼으로써 모든 것을 이룰 수 있다는 의미이다.

아무 것도 하지 않는데 모든 것을 이룰 수 있다니 모순된 것 같지만, 결코 그렇지 않다. 억지로 거슬러서 마찰이나 저항을 초래하는 것보다 큰 힘에 순수하게 따라야 원만하게 풀리는 경우가 있기 때문이다.

약한 자가 강하다. 이것이 우주와 일체화하는 것이며, 이것이 바로 장점이다. '우주 일체화 사고법'이란 약함을 강함으로 바꾸는 사고다. 원래 노자의 사상은 전란기의 군사 사상이기도 했다. 그 의미에서 약함을 무기로 해서 싸우기 위한 전략적 사고라는 측면도 있다.

만약 인간이 인공지능과 싸우는 날이 왔을 때에는 이 노자의 사상이 도움이 될지도 모른다. 지능이 인간보다 뛰어난 인공지능에게 일부러 약함을 무기로 하는 것이다.

우주 일체화 사고법 트레이닝

'우주 일체화 사고법'을 단련하기 위해서는 먼저 저항하지 않는 연습이 필요하다. 마음에 안 드는 일이 생길 때마다 저항하면 피폐해질 뿐이다. 따라서 일단 따르는 습관을 들여 보기 바란다. 처음에는 작은 것부터 시작하면 좋다. 의식해서 따라 해보자.

예를 들어, 당신이 친구와 밥을 먹으러 가는데 그가 '양식 먹을까?'라고 말했다고 하자. 당신은 싫어도 일부러 그에 따라야 한다. 물론 겉으로 보기엔 아무렇지도 않아 보인다. 하지만 당신 속에서는 참았다는 불만이 쌓일 것이다. 그것을 잊어버린다. '그래야 결과가 좋으니까'라고 스스로 다독이면서.

뭐든지 곧장 반대하는 사람이 있는데 그래서는 일이 잘 풀리지 않는다. 순수한 것이 가장 좋다. 그렇다고는 하나 유념해야 할 것은, 따르는 것은 어디까지나 싸우기 위한 것, 길게 보면 그래야 유리해지니까 따른다는 것이다. 무작정 따른다고 노예가 되는 건 아니므로 그 점을 염두에 둘 필요가 있다.

이것을 할 수 있게 되면 다음은 약함을 강함으로 바꾸는 훈련으로 들어간다. 노자는 '최고의 선은 물과 같다(上善如水)'라고 말했다. 물처럼 만물을 이롭게 하면서도 다투지 않고 그릇에 따라 모양을 바꾼다. 이것이야말로 최고의 선이라는 것이다.

나는 이 말에서 성룡成龙 주연의 쿵푸 영화 <취권(Drunken Master)>이 떠올랐다. 휘청휘청 비틀거리며 유연하게 상대방의 품에 들어가 상대를 넘어뜨린다. 모하메드 알리의 복싱에 비유해도 좋을 것이다. 나비처럼 날아서 벌처럼 쏜다. 유도도 그렇다. 부드러움이 딱딱함을 이긴다(柔能制剛).

즉, 약함을 강함으로 바꾼다는 것은 유연함을 살린다는 것이다. 우선은 상대방의 의견이나 반대 의견을 받아들이고 나서 기회를 엿보고 공격하는 것이다.

이것은 토론을 하면서 단련할 수 있다. "분명 당신 말이 맞습니다"라고 일단 받아들이다. 잠시 그 자세를 유지한다. 그 동안 차근차근 반론을 생각해둔다. 이렇게 충분히 받아들인 후에 이때다 싶을 때 '하지만'이란 말을 꺼내는 것이다.

이것을 혼자서 패턴화해보기 바란다. 우주와 일체화하기 위해서는 우선 눈앞의 상대방과 일체화해야 한다.

조금 연습해보자. 상대가 다음과 같은 말을 하면 어떻게 할 것인가? 반론하지 않고 잘 참을 수 있겠는가? "그 사람을 사랑한다니 너도 참 어리석다", "돈은 쓸모없어", "말로 해도 못 알아듣는 놈은 때려야 해". 모두 꽤 극론이다. 그래도 일단은 상대방의 말에 귀를 기울여야 한다. 훈련하면 분명 효과가 있다.

⑨ 기호 사고법

프랑스의 인류학자 레비 스트로스Levi Strauss(1908~2009년)는 개념과 기호를 대비했다. 개념이란 사물을 이치로 받아들이는 것이고, 기호란 사물을 인상으로 받아들이는 것이다.

레비 스트로스는 미개민족의 생활을 연구하는 가운데, 그들이 사물을 기호적으로 받아들이고 있다는 점에 주목했다. 그가 활동한 근대 유럽에서는 개념의 탐구야말로 철학의 목적으로 여겨지고 있었다. 따라서 사물은 늘 이론으로만 탐구되고, 조금이라도 틀에서 벗어나면 오답으로 간주되었다. 사물에는 뭐든 설계도가 있고, 그 설계도에 딱 들어맞지 않는 한 정확하다고 할 수 없는 것이다.

이런 사고방식이 문제인 것은 융통성이 없다는 점이다. 이래서는 사회의 변화에 대응하기 어렵다. 변화가 활발한 환경 속에서는 어떻게든 응용해서 부합시키거나 쓸 수 있는 융통성이 필요하다.

그래서 내가 제창하는 것이 '기호 사고법'이다. 대상을 기호로 보고 추상적으로 받아들이는 것이다. 이는 설계도와는 달리 애매모호한 이미지이므로 그에 맞는 것을 찾으면 상당한 것이 부합된다.

예를 들어 전화기의 설계도에 딱 들어맞지 않는 이상 전화기가 아니라고 하면, 무인도에서 전화기를 준비하는 것은 불가능하다. 그러나 떨어진 곳에 있는 사람이 말하기 위한 수단이라는 정도의 애매한 이미지로 받아들이면 실선으로 연결된 전화기도 괜찮은

게 된다.

지금 무인도의 예를 꺼냈지만, 기호라는 발상으로 레비 스트로스가 제기한 것은 그런 야생의 사상이나 다름없다.

그는 야생의 사고를 상징하는 것으로서 '브리콜라주Bricolage'라는 개념을 제시했다. 이는 번역하면 '손재주'인데, 여러 자료를 가지고서 일을 잘 해내는 지혜를 말한다. 정확성이 요구되는 상품으로서의 가구가 아니라 DIY 가구와 같은 것이라고 생각하면 된다.

설계도가 없으면 만들지 못하는 것은 '엔지니어링(공학 기술)'에 해당한다. 그러나 그것으로는 막상 필요할 때 시간이 부족할 수 있다. 무엇보다 변화가 큰 사회에서는 설계도가 완성되기 전에 일단 그 때와 장소를 잘 넘길 필요가 있다. 그럴 때 브리콜라주가 필요하다.

어쩌면 야생의 사고인 '기호 사고법'의 중요성을 인공지능 시대가 막다른 시기가 되어서야 비로소 사람들이 통감할지도 모른다. 그 날을 위해서라도 잘 습득해두기 바란다.

기호 사고법 트레이닝

'기호 사고법' 트레이닝을 하기 위해선 입수한 어느 정보를 그림문자로 바꾸는 습관을 들이면 된다. 처음에는 곰곰이 생각해도 좋지만 단숨에 할 수 있을수록 좋다. 그 자리에서 바로 대응이 요구되는 경우도 있기 때문이다.

예를 들면, 컵을 보면 영어의 'U'자를 떠올린다. 그러면 컵이 없을 때에는 당신은 그 모양의 뭔가를 찾을 것이다. 물론 구멍이 뚫려 있거나 물에 녹는 소재이면 못 쓰므로, 컵으로서 사용할 수 있을 만큼의 최소한의 특징은 파악해야 하지만 그건 나중의 이야기이다.

즉, 실제로 컵이 없어서 곤란할 때는 먼저 컵 같은 물건을 찾아서 그 안에 물을 붓고 컵으로써 괜찮다 싶은 것을 사용한다.

컵뿐만이 아니다. 채반이라면 그물모양, 톱이라면 지그재그와 같이 상상해보자. 그리고 시간이 있을 때 주변의 물건을 잘 보고 그것을 그림문자로 바꾸는 연습을 해보자. 왜 주변의 물건이어야 하냐면 평소에 자주 사용하는 물건이 없을 때 이 사고가 위력을 발휘하기 때문이다. 예를 들면 재해가 일어났을 때가 그렇다.

인간은 몰리면 야생의 사고를 발휘하는 법이다. 이는 생존 본능 때문일 것이다. 그런 의미에서, 잠든 야생의 사고를 깨우기 위해서 서바이벌 캠프를 해보는 것도 좋겠다. 최근에는 재해 시의 훈련을 목적으로 한 방재 캠프도 생겼다.

그곳에서는 다음과 같은 사태를 만나지 않을까 싶다. '불을 쓸 수 없게 되거나' '물을 쓸 수 없게 되거나' '비를 피할 곳이 없게 되는' 등 모두 난감한 상황이다. 하지만 실제로 그런 일이 생길지도 모른다. 트레이닝이라고 생각하고 꼭 한 번 시도해보기 바란다.

⑩ 메타 사고법

'메타 사고법'에서 '메타meta'란 고대 그리스어로 '~

을/를 넘었다'를 의미한다. '메타레벨'같은 표현을 들을 때가 있는데 그 경우는 '하나 위의 차원'이라는 뉘앙스로 쓰이고 있다.

또 철학을 '형이상학=메타피직스metaphysics'라고 부르기도 하는데 이는 정확하게는 철학의 한 분야를 가리키며, 고대 그리스어의 '메타퓌시카metaphysica'에서 유래했다. 글자 그대로 번역하면 '자연학의 흔적'이다. 이는 고대 그리스의 철학자 아리스토텔레스Aristoteles(BC 384~BC 322년)의 제자들이 스승의 저작들을 정리하면서 자연에 관한 저작 이후로 그 기초가 되는 논리에 관한 저작을 배치한 것에서 유래했다.

즉, 사물의 기초가 되는, 이른바 사물의 배후에 있는 상위 차원의 논의를 '메타'라고 부른다. 이는 현대에도 영향을 미친다. 그러므로 메타 사고법이란 하나 위의 차원에서 사물을 받아들이는 사고법이라고 정의할 수 있겠다.

구체적으로는 형이상학의 전형적인 물음인 '존재란 무엇인가?', '시간이란 무엇인가?' 등에 대해서부터 설명한다. 예를 들면 눈앞에 책상이 있는지 없는지를 묻는 것은 일반 물음이다. 하지만 '있다'란 어떤 것인지 묻는 것은 메타레벨의 물음이다. '시간이란 무엇인가?'도 마찬가지이다. '시간은 어떻게 계산하는가?', '시간이란 무엇인가'라는 구체적인 물음이 아니다.

이러한 메타 사고법으로 사물의 본질에 다가가게 된다. 구체적인 물음은 인공지능이 얼마든지 답해준다. 인간은 그 속을 깊숙이 파고들어 깊은 사고를 전개해야 한다. 메타 사고법은 이를 위한 도구인 셈이다.

그렇다면 어떻게 하면 차원을 넘어 사고할 수 있는가?

그것은 문제가 된 어느 대상에 대해 차원을 바꾸면 된다. 즉, 시점을 바꿔서 의문을 던진다. 어느 때보다도 근본적인 문제에 눈을 돌린다. 평소 질문이 '눈앞에 책상이 있는가?'라면 애당초 '있다는 것은 어떤 것인가?'와 같이 그 사물과 관련된 배경을 보는 것이다.

이렇게 보다 근본적인 것을 묻는 것이 철학이다. 메타 사고법이야말로 인공지능에는 양보할 수 없는 철학 사고의 근간이다. 시점을 바꾼다는 것은 어떤 의미에서 뜬금없는 것이며, 인공지능처럼 논리적인 사고만 해서는 거의 시도조차 못할 일이다.

사소한 것에서 힌트를 얻어 사물의 관점을 완전히 바꿔버리는 것이니, 이는 세계를 바꾸는 것이기도 하다. 자신에게 있어서도, 또 타인에게 있어서도. 시점을 바꾸기만 해도 같은 사물이나 상태가 180도 다른 의미를 가진다니 엄청나지 않는가?

이를 다른 말로, 시점을 바꿈으로서 사물의 의미를 전환할 수 있는 인간의 '초능력'이라고 해도 좋을 것이다. 철학은 그런 엄청난 요소를 품고 있는 것이다.

메타 사고법 트레이닝

그렇다면 '메타 사고법'은 어떻게 훈련해야 할까?

이는 의외로 쉬우며, 핵심에 다가가듯이 계속해서 추궁하면 된다. 평소 물음이 '눈앞에 책상이 있는가?' 라면 '애당초 책상이 있다란 무엇인가?', 그리고 한 걸음 나아가 '있다란 어떤 것인가?'와 같이.

이를 위해서는 사물을 굽어 살피는 것이 중요하다. '눈앞에 책상이 있는가?'라고 물으면서 눈앞의 책상에만 집중하지 않고 조금 더 큰 시각에서 생각하는 것이다.

또 물음을 어긋나게 하는 훈련도 도움이 된다. 정면으로 대답하려고 하면 차원을 넘을 수 없으므로 물음 자체를 어긋나게 하는 것이다. '차원을 넘는다'란 모두가 보고 있는 같은 지평에서 어긋나는 것을 말한다.

예를 들면 '자동차는 편리한가?'라는 물음이라면 '편리한 것은 자동차뿐인가?', '자동차가 편리하다는 말은 도대체 어떤 의미인가?'와 같이 계속 어긋나게 한다. 시점을 어긋나게 한다고 생각하면 된다. 정면에서가 아니라 이른바 '사선 45도에서' 본다. 즉, 의외의 곳에서 사물에 접근하는 것이다.

또 무엇보다 근본적인 물음은 무언가를 생각하는 훈련에도 효과적이다. 모든 사물에는 근본적인 원인이 있을 테니 그것을 찾는 버릇을 들인다. 개개의 이유에서가 아니라 애당초 '있다'라는 것의 의미 자체에 다다르게 하는 것이다.

구체적으로는 가장 중심이 되는 말에 주목해서 그것을 추궁한다. 예를 들어 누가 '정치 재미있나요?'라고 물었다고 하자. 여기서부터 근본적인 물음이 무엇인지를 찾는다. '애당초 '재미있다'란 어떤 것인가?' → '애당초 흥미가 있다는 것은 어떤 것인가?' → '애당초 흥미란 무엇인가?' → '애당초 궁금하다란?'과 같이 말이다. 사과 껍질을 깎으면서 서서히 사과심으로 다가가는 느낌이랄까.

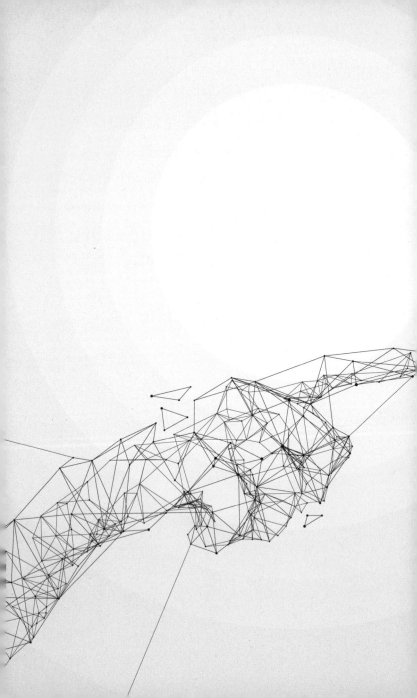

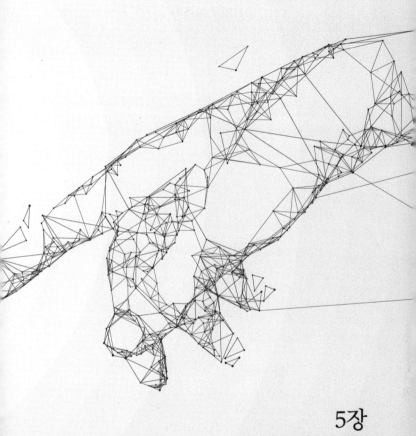

5장

미래를 살아가는 방법

인간이란 무엇인가?

지금까지 인공지능에 대해 논했지만 사실상 '인간이란 무엇인가?'를 얘기해오지 않았나 싶다. 의도한 건 아니지만, 인공지능의 약점을 생각하거나 철학의 방법을 설명하다보니 인간의 특성을 생각하지 않을 수 없었다.

이는 나뿐만 아니라 과학자나 인공지능 개발자가 자주 하는 말인데, 연구나 개발의 궁극적인 목적은 인간이란 무엇인지를 아는 것이다. 그만큼 인간이라는 존재는 수수께끼로 가득 차 있다. 불가해한 존재라고 해도 좋을 것이다.

인공지능과 비교하면서 밝혀진 것은 적어도 인간은 인공지능이라는 기계와는 정반대의 성질을 가지고 있다는 사실이다.

예를 들면 인공지능의 능력을 상징하는 딥러닝deep learning 기술도 어디까지나 통계 수법에 지나지 않다. 즉, 어느 일정의 원칙을 전제로 그에 맞는 답을 빠르게 도출하는 구조이다.

그런 사고 방법을 '연역법'이라고 한다. 답이 일치하는지 맞춰보기만 하면 되기 때문에 도출된 답은 당연 완벽할 수밖에 없다. 이것이 기계의 본질이다.

이에 반해 인간은 기본적으로 '귀납법'의 사고법을 취한다. 즉, 개별의 사상을 쌓아감으로써 그때마다 확실해 보이는 답을 도출한다. 그래서 새로운 문제나 난해한 문제가 발생하면 답이 흔들린다. 이것이 인간의 불완전함이며, 본질이다. 그렇다고 해서 인공지능이 더 뛰어난 것은 아님은 이미 살펴본 바와 같다.

이제 마지막으로 인간이란 무엇인가에 대해 고찰해보자. 인공지능과 비교함으로써 밝혀진 인간상을 제대로 이해하고 나서 살아가는 방법이나 일하는 방식을 생각해볼 필요가 있기 때문이다.

인공지능을 원하는 풍조는 무엇을 의미하는가?

인간에 대해 생각할 때마다 항상 떠오르는 것은

뇌생물학자 도키자네 도시히코時實利彦의 저서 『인간이라는 것(人間であること)』이다. 이 책은 내가 태어난 1970년에 간행되었지만 지금까지 무려 70쇄 이상이나 팔린 스테디셀러이다.

이 책에서 인간의 특징에 대해 예로 든 항목을 나열해보겠다.

인간은 어떻게 건강을 유지하는가 / 인간은 어떻게 먹는가 / 인간은 어떻게 섹스하는가 / 인간은 어떻게 함께 사는가 / 인간은 왜 스킨십을 하는가 / 인간은 왜 화를 내는가 / 인간은 어떻게 느끼는가 / 인간은 어떻게 움직이는가 / 인간은 어떻게 기억하는가 / 인간은 어떻게 학습하는가 / 인간은 어떻게 참는가 / 인간은 어떻게 창조하는가 / 인간은 어떻게 쾌락과 행복을 구분하는가 / 인간은 어떻게 말을 하는가 / 인간은 왜 노래하고 춤추는가 / 인간은 어떻게 웃고 어떻게 우는가 / 인간은 어떻게 존재와 시간을 파악하는가 / 인간은 왜 생에 집착하는가 / 인간은 왜 서로 죽이는가 / 인간은 왜 걱정이 많은가 / 인

간은 왜 놀이를 하는가 / 인간은 왜 자는가 / 인간은
어떻게 꿈을 꾸는가 / 인간은 왜 비합리적인가 / 인간
은 살려고 하는 생명에 둘러싸인, 살려고 하는 생명이
다 / 인간은 어떻게 호모 사피엔스가 될 수 있을까 (도
키자네 도시히코 저,『인간을 만든 뇌』의 목차 중)

어떤가? 이것만으로도 답을 알지 않았을까 싶다.

왜냐하면 우리 자신이 인간이기 때문이다. 우리는
위에 적힌 행위들의 의미를 이해할 수 있다. 하지만
인공지능을 비롯한 기계는 그 행위의 의미 자체를 모
른다. 왜 그것이 인간다운 행위인가 하면 그들에게는
그 경험이 없기 때문이다.

그중에는 표면적으로 할 수 있는 것도 있을 것이
다. 이제 인공지능은 글도 쓰고 말도 하고 웃기까지
한다. 하지만 그것은 어디까지나 조건이 원칙에 일치
해서 일어난 반응에 지나지 않다. 과연 인공지능은
누군가와 살을 부대끼며 무언가를 느끼고 말로 표현
하고 싶다고 생각할까?

도키자네가 예로 든 인간의 특징은 어쩌면 모두 연

결되어 있을지도 모른다. 그것들이 모두 연결되어 하나의 유기체로서 존재하는 것이 바로 '인간'인 것이다.

그러니까 우리는 인간으로서 위에 적혀 있는 것들을 할 수 있어야 한다. 사람들과 어울리고, 웃고, 꿈을 꾸고…(싸우거나 죽이는 것은 그러한 본질을 가지고 있음을 인식하는 데 그쳐야겠지만), 자신이 인간임을 확인하는 작업이 지금 바로 요구되고 있다.

우리는 테크놀로지를 지나치게 추구한 나머지 소중한 것을 잊고 있지 않은가 싶다. 건강이란 질병과 부상과 공존하면서 그럼에도 활기차게 삶을 영위하는 것임에도 불구하고, 테크놀로지로 아플 일이 없게 하면 된다는 식으로 사람들은 얘기한다.

그 끝을 보여주는 것이 신체의 사이보그화이다. 분명 그러면 오래 건강하게 살 수 있을지 모르지만, 병에 걸리는 존재로서의 인간의 요소는 잃는다. 과연 그것을 '건강'이라고 부를 수 있을까? 잃을 것이 없다면 오히려 건강이라는 개념을 잃었다고 봐야 하지 않을까.

SF 영화 <공각기동대攻殼機動隊>에서 인간이 신체의

일부를 계속해서 의체화, 즉 사이버그화해서 기뻐하는 장면이 나오는데, 이는 더 이상 SF가 아닌 현실이 되어 가고 있다.

인공지능이 마치 인간의 약점을 극복하는 테크놀로지인 것처럼 인식되고 있는 반면, 인간의 좋은 점이 경시되고 있는 풍조를 놓쳐서는 안 된다.

인간에게는 약점도 있지만 강점도 있다. 그리고 강점도 약점도 안 뒤에 앞으로의 시대를 살아가야 한다. 인간은 복잡하고 성가신, 하지만 사랑해야 할 존재임을 부디 자각하길 바란다.

어떻게 살 것인가?

그렇다면 우리 인간은 어떻게 살아야 하는가? 이 책의 주제대로 말하자면, 우리는 '공부'를 어떻게 인생의 목적에 접목시킬 것인가?

인공지능이 장악하는 앞으로의 시대에서 인간은 가만히 넋 놓고 있을 수만은 없다. 앞에서 말했듯이 인간이 하게 될 대부분의 일은 아이디어를 내는 것이다. 새로운 정보를 도입하여 그것들을 조합하거나 깊이 생각하게 될 것이다.

따라서 공부의 끈을 놓아버리거나 공부를 부정적인 것으로 받아들이는 사람에게 미래는 없다. 이를 안타깝게 생각하더라도 어쩔 수 없다. 그러므로 인공지능 때문에 억지로 공부를 해야겠다고 생각할 게 아니라, 오히려 그 덕분에 공부를 즐기는 인생을 살게 됐다고 생각할 필요가 있다.

앞에서도 썼지만 중요한 것이므로 반복해서 강조해두겠다. 애당초 인간은 노는 존재였다. 그러다가 합리성을 추구하기 위해서 일하는 존재가 되어 버렸다. 이때 인공지능이 등장하면서 인간은 공부하는 존재로 바뀌게 된다.

그렇다면 '공부'를 '놀이'로 여길 수 있으면 인간은 원래 모습으로 되돌아갈 수 있다.

그리고 본래 인간다운 삶을 다시 영위할 수 있다. 인공지능이 기계의 부분을 담당해주므로 기계처럼 부자유가 아닌 자유로운 삶을 살 수 있다. 공부를 놀이로 여기는 사람만이 성공하는 인생을 살게 되는 것이다.

지금까지도 말했지만, 앞으로 내가 '공부'라고 말할 때는 거기에는 '놀이'가 포함된다. 왜냐하면 이상적인 공부란 놀이 같은 것이기 때문이다. 공부는 곧 놀이라고 해도 과언이 아니다.

미국의 철학자 에릭 호퍼Eric Hoffer(1902~1983년)는 원래 인간은 노는 존재였다고 한다. 그러니까 토기보다 먼저 토우가 만들어진 것이고, 실용보다 제사나 표현이 먼저였던 것이다. 이것이 필요에 압박되어 일을 우선하게 되었다는 말은 맞을지도 모른다.

호퍼는 본래의 인간처럼 더 놀자고 말했지만, 정작 그는 일과 공부만 했다. 평생 항만에서 노동을 하면서 수많은 책을 읽었다. 그런 호퍼가 인간의 본질에 놀이가 있다고 보면서 노는 것을 권장하는 이유는 무엇일까?

이는 즉, 그에게는 일도 공부도 놀이였던 것이다. 일은 일이라고 단정한 것처럼 보여도, 그는 항만 노동을 즐기고 있었던 것이다. 공부도 마찬가지이다.

논다는 감각으로 공부를 했으니까 그는 하루하루를 즐길 수 있었고 성과도 올릴 수 있었던 것이다.

앞으로의 시대를 살아가기 위한 세 가지 키워드

나는 학자이자 작가이다. 그래서 늘 책을 읽고 공부를 하긴 하지만 나는 이 모든 걸 즐긴다. 누구는 이상하게 볼 수 있겠지만, 확실히 그것들은 모두 내게 '놀이'이다.

물론 그것만으로는 인생을 즐기고 있다고는 말할 수 없다. 일상에서 벌어지는 일들을 늘 긍정적으로 받아들이고 밝게 웃고 넘길 수 있는 너그러움이 있어야 비로소 인생을 즐길 수 있다. 아무리 공부가 놀이가 되어도 그 이외의 시간을 두려워하며 살아간다면 의미가 없을뿐더러 진심으로 놀이를 즐길 수 없다.

그러므로 인공지능을 비롯한 테크놀로지가 인간을 위협한다고 두려워하기만 해서는 인생은 어둠의 연속이 될 것이다. 그 의미에서 나는 인공지능 비관론에 동의하지 않는다. 설령 인공지능이 인간을 지배한다 해도 우리의 마음까지 지배할 수는 없을 것이다.

나는 늘 삶을 긍정적으로 받아들이고, 자신을 믿고, 무슨 일이든 받아들이는 '긍정 철학'을 제창하고 있는데, 그것은 행복하게 살기 위한 전제와 같은 것이다. 그런 일이 가능하냐고 사람들이 내게 자주 묻는데, 가능하다. 게다가 쉽게 할 수 있다.

이는 마음의 문제이며 물리적으로 무언가를 바꾸는 것은 아니다. 자기 나름대로 얼마든지 긍정으로 전환할 수 있다. 관점만 바꿀 수 있다면 사물은 늘 플러스의 요소가 되어있거나 플러스로 전향될 수 있는 가능성이 존재한다. 그 점을 보기만 하면 된다. 경기에서 패한 운동선수가 그 일을 다음에 이기는 데 교훈으로 삼거나, 큰 병에 걸린 사람이 건강의 소중함을 알게 되듯이 말이다.

그런 긍정적인 마인드를 전제하고 과연 무엇을 해야 하는가라는 구체적인 속이야기가 있어야 한다. 인공지능 시대인 지금으로선, 그것이 '공부'이며, 공부는 곧 놀이이다.

또 하나 키워드를 들자면 '공존'이다. 이는 테크놀로지와의 공존이라는 의미이다. 인공지능을 비롯한 테크놀로지와 얼마나 잘 공존할 수 있을 것인가. 곧 그것이 미래를 살기 좋게 만들어줄지 말지를 결정한다고 해도 과언은 아니다.

좋든 싫든 새로운 이웃이 이사를 오기 마련이다. 그럴 때 상대를 피하거나 미워해서는 하루하루를 즐길 수 없다. 어떻게 해서든 공존해 나가는 길을 모색해야 한다. 공존이어도 좋고 협동이어도 좋다. 어쨌든 적으로 만들지 않도록 주의해야 한다.

이를 위해서는 받아들여야 한다. 상대방을 받아들이고 사실을 인정해야 한다. 불리한 진실에서 눈을 돌려서는 안 된다. 사람은 낯선 것에 대해 지나치게 두려워하는 경향이 있다. 두려움은 공존을 가로막는다. 제대로 직시하면 어떻게 대해야 하는지 저절로 보이기 시작할 것이다.

19세기 초반, 영국에서 러다이트 운동이 일어났다. 산업혁명에 의한 기계의 도입으로 실업 위기에 놓인 노동자들이 기계를 파괴했는데, 그들은 결국 구원받지 못했다. 지금도 인터넷이나 컴퓨터를 적으로 보는 사람들이 있는데, 그들 역시 고심하고 있는 것 같다.

지금이 테크놀로지 시대임은 인정하지 않을 수 없다. 그 속에서 어떻게 공존할 것인가? 그 대답을 자기 나름대로 찾을 필요가 있다. 그렇다. 앞으로의 시대는 '공부', '긍정 철학', '공존'이 키워드가 된다.

게다가 그것들은 밀접하게 서로 얽혀 있다. 공부도, 테크놀로지의 공존도 긍정적으로 받아들이지 않으면 실현할 수 없다. 또 공부함으로써 긍정적으로 될 수도 있고, 테크놀로지와의 공존의 길도 보이기 시작할 것이다.

동기부여를 유지하는 데 필요한 것

그렇다면 이렇게 살기 위해서는 어떻게 동기부여를 유지해야 할까?

우선 동기부여란 무엇인지 철학적으로 따져보자. 동기부여란 동기를 부여하는 것을 말한다. 즉, 인간을 움직이는 원동력이 그것이다. 그렇다면 어떨 때 사람은 무언가를 하고 싶다고 느낄까?

하나는 외부에서 자극을 받았을 때이다. 아름다운 것을 봤을 때에는 그것을 얻고 싶다고 느낀다. 이른바 동경심이다. 혹은 맛있는 음식에 대한 정보를 들으면 먹고 싶다고 느낀다. 이는 욕망이다. 이러한 의미에서의 동기부여는 외부의 자극에 대한 반응이라고 할 수 있다.

또 하나는 자신의 내면에서 어떠한 마음이 들끓었을 때이다. 예를 들면 변하고 싶다, 성장하고 싶다 등이다. 이 경우 반드시 외부에서의 자극이 있다는 보장은 없다. 무의식중에 영향을 받았을지도 모르지만, 적어도 그것이 직접적인 원인이 아님은 확실하다. 오랫동안 쌓인 욕구 불만이 원인인 경우도 있다.

문제는 모처럼 솟아오른 동기부여를 어떻게 유지하는가이다.

외부에서 자극을 얻은 경우는 웬만큼 자극이 강하거나 자극을 계속 주지 않으면 유지하기 어렵다. 왜냐하면 자극이라는 것은 옅어지기 때문이다. 그렇지 않으면 인간의 정신이 버티지 못한다. 예를 들면 극심한 공포를 느꼈을 때 그 공포를 계속 느끼고 있으면 일상생활을 할 수 없다. 감사하게도 인간은 잊어버리는 동물이다. 무섭거나 불쾌한 체험을 잊을 수 있으니까 마음의 평안을 유지할 수 있는 것이다.

이는 동기부여의 유지에 있어서는 마이너스이다. 웬만큼 자극이 강한 경우를 제외하면 자극을 꾸준히 주는 노력이 꼭 필요하다. 그렇다고는 해도 같은 것을 봐도 자극은 없으므로 같은 종류의 다른 것을 찾아 계속해서 섭취해야 한다.

예를 들면 어느 영화에 영향을 받아서 동기부여가 되었다고 하자. 그럴 때는 같은 작품을 또 볼 게 아니라 그 작품의 모티브나 스토리가 비슷한 다른 작품을 찾을 필요가 있다. 나도 이를 자주 한다.

단 이 패턴은 조금 어렵다. 비유하자면 약을 계속 투여하지 않으면 버티지 못하는 몸과 같다. 그러므로 동기부여의 유지는 내부에서 끓어오르는 것이 좋다.

이렇게 해서는 조절이 어려워 보이지만 결코 그렇지 않다. 요컨대 자신이 무언가를 하는 이유를 내 안에서 잘 정리해서 납득하면 된다. 그러면 자연스럽게 오래 유지될 것이다. 바꿔 말하면 일시적인 기분의 고조가 자신에게 장기적인 목표로 승화된다는 말이다.

이를 우리가 지향하는 '공부하는 인생'에 접목시키면 '왜 나는 공부하는가?', '왜 그것을 계속해야 하는가?', '그 결과 무엇을 얻는가?'와 같은 의문을 갖게 된다. 이러한 물음에 대해 곰곰이 생각한 후에 자신 나름대로 답을 내린다.

가능하면 그 답을 따로 적어두면 좋다. 동기부여가 약해졌을 때는 그것을 읽으면 된다. 초심을 잊지 말라는 말이다.

설령 초심이 약해진다 해도 큰 문제는 없다. 인간이므로 조금은 약해지고 변하는 게 자연스럽다. 그때는 고쳐나가면 된다. 이따금 자신의 답을 재검토하고 다시 생각함으로써 고쳐나간다. 그러면 된다. 당신도 평소에 일하다보면 업무 계획을 수정하는 일이 많을 것이다. 인생에서의 공부도 마찬가지이다. 동기부여의 내용을 바꾸지 않는 것이 중요한 게 아니라 동기부여를 계속 유지하는 것이 중요하다.

미래의 일하는 방식

'어떻게 살 것인가?'와 '이를 위해서는 동기부여를 어떻게 유지해야 하는가?'의 다음으로 생각해야 하는 것은 '어떻게 일할 것인가?'이다.

인공지능 시대에서 인간은 사고력을 살려서 창조적인 일을 해야 한다는 것은 이미 여러 번 얘기했다. 그렇다면 구체적으로 어떤 식으로 일하게 될까?

우선 하루를 보내는 방식이 지금까지와 크게 달라질 것이다. 창조적인 활동이 업무 태반을 차지하게 되면서 오랫동안 근무할 필요가 없어진다. 오히려 장시간 근무하는 게 안 좋아질 것이다. 그리고 수많은 크리에이터가 그렇듯이 재량 노동이 주가 될 것으로 보인다. 성과를 내면 아무도 노동 시간에 대해 문제 삼지 않는다.

그렇다고 해도 그것이 영업사원처럼 할당량이 있거나, 잡지 연재를 하는 작가처럼 마감에 쫓기는, 막막한 업무들이어서는 안 된다. 곰곰이 사고하고, 창조하기 위해서는 자신의 속도로 일을 통제할 수 있어야 한다.

재량 노동은 섀도 워크shadow work(임금이 지불되지 않는 노동)를 발생시킨다는 논의가 있는데, 그것은 어디까지나 할당량이나 마감이 있는 일을 전제로 하기 때문이다. 하지만 인공지능 시대에는 얘기가 달라진다. 그런 일은 인공지능에 맡기는 게 기본이 되니까.

이렇게 하루의 시간이 자유로워지면 일은 곧 놀이가 된다. 일하는 시간과 노는 시간의 경계가 애매해지기 때문이다. 그와 동시에 양자의 내용도 서로 섞이기 시작한다. 일하는 듯 보여도 놀고 있고, 노는 듯 보여도 일하고 있는 일이 일어나는 것이다. 쉬는 날에 TV를 보다가 거기서 힌트를 찾고는 급히 메모를 하는 모습을 상상해보라.

원래 창조적인 활동은 정신을 자극받을 수 있는 환경에서 해야 더 잘 된다. 매일 칙칙한 분위기의 회의실에 갇혀 있으면서 어떻게 창의성을 발휘할 수 있겠단 말인가?

연차 휴가도 양상이 바뀔 것이다. 지금처럼 연차를 사용할 일이 없게 되니 상황은 변할 수밖에 없다. 그렇다고 초조해할 필요는 없다. 물론 일하는 것과 노는 것이 같아지면 실질적으로 장시간 업무를 하는 게 되겠지만 스트레스는 없을 것이다. 이를테면 여느 유럽의 바캉스 느낌이 될 것이다.

흔히 자신이 회사에 없을 때를 걱정하는 직장인이 많은데, 인공지능 시대에는 그러한 경제적인 것은 기계가 해주므로 인간은 잘 쉬기만 하면 된다.

미래를 살아가는 방법

앞으로는 경력이나 인생에 대한 개념이 바뀔 것이다. 자신을 업그레이드한답시고 빡빡하게 사는 인생은 더 이상 유효하지 않을 것이다. 이제는 경력을 어떻게 쌓느냐가 아니라 경력을 어떻게 유지하는가가 중요해질 테니까.

예술가를 떠올려보면 이해하기가 쉬울 것이다. 그들은 출세 따위는 바라지 않는다. 자신이 하고 싶은 일을 계속하는 것이 가장 중요하기 때문이다. 이런 점에선 대학 교수들도 비슷하다. 모두 출세보다 좋아하는 연구를 계속하는 것을 중시하는 경향이 있다. 사회적 평가보다 자신의 인생을 알차게 사는 것을 최우선으로 여기는 것이다.

이렇게 보면 인공지능 시대에는 일하는 방식이 매우 자유로워지리라고 짐작할 수 있다. 나아가 일은 취미가 될 것이다.

예를 들면, 이제는 빌 게이츠Bill Gates를 누르고 세계 최고의 부자가 된 아마존의 CEO 제프 베조스Jeffrey Bezos는 '워크 앤 라이프 하모니work and life harmony'를 주장하고 있다. 이른바 '워크-라이프 밸런스work-life balance'가 일과 개인생활의 균형을 의미하는 데 반해, 그가 추구하는 것은 일과 개인생활이 융합되어 모든 것이 알찬 상태이다.

워크-라이프 밸런스는 하루 24시간이라는 한정된 파이의 쟁탈전과 같다. 반반이 딱 좋은지, 아니면 일과 개인생활의 비율이 4:6 정도가 이상적인지를 따지는 것이다. 어찌 됐든 일의 비중이 너무 크면 균형을 잃게 된다.

그러나 워크 앤 라이프 하모니의 경우, 일이 사생활이 되고 취미이면서 놀이가 된다. 그러므로 매 순간이 알차다. 더 이상 균형이라는 척도는 쓸모없게 된다.

물론 이러한 생각을 비판하는 시각도 있다. 역시 On과 Off의 구별이 필요하다는 의견이다. 이는 타당한 말이다. 느긋하게 목욕을 하고 있을 때 일에 대해 생각을 할 필요는 없고, 가족과 단란한 시간을 보내면서 업무와 관련한 이야기를 할 필요도 없다.

그럼에도 공과 사를 나누면서, 일부러 그것들을 정해진 시간 안에 가둘 필요도 없다고 생각한다. 그것이 정말로 좋아하는 일이라면 시간이나 공간의 경계를 긋지 않아도 좋지 않을까 싶다.

이것이 포인트이다. 좋아한다면 그 일만 생각하거나 그 일에 대해서만 말해도 좋다고 생각한다. 일을 '꿈'이라는 단어로 바꿔 말해도 좋을 것 같다. 다 큰 어른이 시종일관 꿈 이야기를 하고 있으면 어떨까? 아이 같다고 생각할까? 멋지다고 생각할까?

내가 하고 싶은 말은 일을 꿈으로 여기라는 것이

다. 그러면 워크 앤 라이프 하모니에 대한 관점이 바뀔 것이다.

물론 현시점에서는 베조스가 말하는 일하는 방식이 불가능할지도 모른다. 재능과 운이 타고난 소수의 사람들만의 일일 수도 있겠다. 그런데 인공지능 시대가 되면 누구나 그렇게 이상적인 방식으로 일할 수 있게 된다.

다만 제대로 공부를 계속했을 때의 이야기이다. 물론 놀이를 포함한 공부이다. 그렇게 해서 인공지능에 지지 않는 창조적 사고를 계속함으로써 비로소 알찬 인생을 살게 된다. 이 책을 통해 인공지능에 지지 않는 공부법을 배워나가며 인공지능에 지지 않는 사고법을 터득해보기 바란다. 미래는 이제 가까이 와 있다.

주요 참고문헌

· 아라이 노리코, 『대학에 가는 AI vs 교과서를 못 읽는 아이들(AI vs 教科書が読めない子どもたち)』 2018년
· 이세다 테츠지, 『철학 사고 트레이닝(哲学思考トレーニング)』 2005년
· 이노우에 도모히로, 『2030 고용절벽 시대가 온다(人工知能と経済の未来—2030年雇用大崩壊』文藝春秋』 2017년
· 오카모토 유이치로, 『인공지능에게 철학을 가르치면(人工知能に哲学を教えたら)』 2018년
· 오치아이 유이치, 『초인공지능시대의 생존 전략(超ＡＩ時代の生存戦略—シンギュラリティ〈2040年代〉に備える34のリスト)』 2017년
· 가지타니 신지, 『생각한다란 어떤 것인가(考えるとはどういうことか—０歳から１００歳までの哲学入門)』 2018년
· 케빈 켈리 저, 『인에비터블 미래의 정체(The Inevitable)』 2017년
· 고바야시 마사카즈, 『AI의 충격(ＡＩの衝撃—人工知能は人類の敵か)』 2015년
· 시마다 히로미, 『AI를 믿을지, 알라신을 믿을지(ＡＩを信じるか、神アツラーを信じるか)』 2018년
· 시미즈 마키, 『감정이란 무엇인가(感情とは何か—プラトンからアーレントまで)』 2014년
· 대니얼 데넷, 『마음은 어디에 있는가(Breaking the Spell: Religion as a Natural Phenomenon)』 2016년
· 도키자네 토시히코, 『인간이라는 것(人間であること)』 1970년
· 나가오 가즈히로, 『인공지능에 휘둘리는 사장, 꿋꿋하게 사용하는 사장(ＡＩに振り回される社長 したたかに使う社長)』 2018년
· 니시가키 도오루, 『AI원론 - 신의 지배와 인간의 자유(ＡＩ原論—神の支配と人間の自由)』 2018년
닉 보스트롬, 『슈퍼인텔리전스(Superintelligence: Paths Dangers Strategies)』 2017년
· 노무라 나오유키, 『실천 페이즈에 돌입, 최강 인공지능 활용법(実践フェーズに突入 最強のＡＩ活用術)』 2017년
· 노야 시게키, 『마음이라는 난문(心という難問—空間・身体・意味)』 2016년
· 마쓰오 유타카, 『인공지능과 딥러닝(人工知能は人間を超えるか—ディープラーニングの先にあるもの)』 2015년
· 레이 커즈와일, 『특이점이 온다(singularity is near: when humans transcend biology)』 2007년

AI를 이기는 철학

초판 1쇄 발행 2019년 9월 30일

지은이   오가와 히토시
옮긴이   장인주
발행인   안유석
편   집   서정욱
표지디자인   신디케
펴낸곳   처음북스, 처음북스는 (주)처음네트웍스의 임프린트입니다.

출판등록   2011년 1월 12일 제 2011-000009호
전화   070-7018-8812
팩스   02-6280-3032
이메일   cheombooks@cheom.net
홈페이지   cheombooks.net 페이스북 /cheombooks
트위터   @cheombooks

ISBN 979-11-7022-194-4 03100